快速阅读训练法

| 翟文明　编著 |

吉林文史出版社
JILINWENSHICHUBANSHE

前言

在 20 世纪，美国学习型组织的倡导者彼德·圣吉就提出了一个现代社会人类的生存公式——"学习速度小于变化速度等于死亡"。如今，在这个信息大爆炸的时代，这个公式的意义更加明显了。一些统计资料显示：15 世纪全球出版的各种书籍为 3 万种，16 世纪为 15 万种，19 世纪为 700 万种，20 世纪为 25000 万种。科技、学术、商业各个领域的知识和相关著作成倍增长，过去的 20 年中出现的信息已经超过了有史以来的信息总和。我们的阅读能力和学习速度必须得到相应的提高，否则就会被时代淘汰。

快速掌握大量信息的能力对我们的生存和发展越来越重要。掌握阅读技巧，更快更有效地阅读各种文章可以帮你创造人生的辉煌。在学习上，掌握阅读方法和技巧可以帮你提高阅读速度和记忆力。知识就是力量，提高阅读能力之后，你的知识积累将是别人的几倍。在考试中，掌握一目十行、过目不忘的本领，可以让你顺利过关。在生活上，快速阅读大量报纸杂志和百科常识，获得广博的知识，让你在处理生活琐事、人际关系等问题时游刃有余。在工作上，迅速掌握丰富的业务知识，快速搜集行业信息，让你在激烈的职场竞争中脱颖而出。无论在哪个领域，取得成功的人都是那些能够把握最新资讯的人，只有把握最新资讯才能抓住机遇，获得发展。

阅读能力如此重要，但是学校教育却忽略了阅读能力的培养。我们在小学阶段学习认字、拼读、拼写，概括段落大意和文章的中心思想，这些属于基础阅读的内容。在五六年级之前，学生的阅读能力是稳定进步的，五六年级的学生在阅读各种使用书籍的时候就有了足够的理解能力。

进入初中以后，我们的阅读能力没有得到进一步提高，但是事实上可以改进，而且须要改进。如果不加改进，即使大学毕业之后，他的阅读能力还停留在小学六年级的水平。比如，他可以阅读简单的小说、可以阅读报纸上的新闻，但是如果阅读结构严谨的论文或者须要深入理解的专业著作，就一筹莫展了。因为他不知道文章的重点在哪里，也很难掌握文章的主旨和作者写作的目的，甚至无法判断一本书是否符合自己的需要。很多人读了半本书之后才发现，那本书对自己没有价值，浪费了时间和精力。

阅读有四个不同的层次：基础阅读、检视阅读、分析阅读和主题阅读。小学六年级的水平只达到了基础阅读的层次，只是摆脱了文盲状态，可以认字读书了。检视阅读、分析阅读和主题阅读是一个优秀的阅读者应该达到的阅读层次。只有达到较高层次的阅读，才能在书的海洋中自由遨游，才能使浩如烟海的图书为我所用。

本书通过分析阅读的原理，分别从理解、速度、记忆三方面介绍提高阅读能力的方法。然后从阅读步骤、阅读方式、注意力等方面介绍如何培养阅读能力。此外，还介绍了阅读文章的技巧和阅读书籍的有效方法。这些技巧和方法在我们的日常阅读中非常实用，对我们获得自己需要的信息，理解文章内容有很大帮助。

目录

第一篇　认识阅读

第四篇　怎样阅读一本书

人物風采

第一輯

第一章

阅读的原理

视觉感知

了解一下有关阅读的生理和心理学上的原理，有利于我们提高阅读的能力。首先，我们应该了解一下视觉感知原理。我们的眼睛如何感知到纸上的文字符号，我们的大脑又如何理解文字符号的含义？

我们的眼睛像一架精密的照相机，主要由虹膜、角膜、晶状体、视网膜等部分构成。虹膜类似快门，通过扩张和收缩控制进入眼睛的光的强度，晶状体类似透镜，把从书本反射到眼睛里的光线汇聚在视网膜上成像。视网膜上有上亿个光感细胞，每个细胞都会对光作出反应。

感光细胞分为杆状细胞和锥状细胞。杆状细胞只能感觉到黑白和形状，锥状细胞可以感觉到色彩。这两种细胞在视网膜表面并不是平均分布的，杆状细胞主要分布在视网膜的周边部位，在

眼睛的结构

视觉感知中起重要作用的锥状细胞大部分集中在视网膜中心的下凹部分，叫作黄斑。越往视网膜两边，锥状细胞就越少。我们在观看景物和阅读时，晶状体将光线聚焦在这里成像，因此注意力只是集中在视野范围一半不到的区域。

一个视力正常的人能分辨在视网膜上来自不同事物的影像，这种能力称为"视觉敏锐度"。黄斑是视觉敏锐度最高的位置。当我们要看清一个对象时，我们会转动眼球，直至影像聚焦在黄斑上。离开黄斑越远，感光细胞越少，影像越不清晰。如果影像聚焦在黄斑以外的地方，我们用眼睛的余光可以感知到一个对象的存在，但是看不清这个对象是什么。

在视觉神经和视网膜连接的部位没有光感细胞，因此在这个位置存在一个视野的死点。但是我们无法用眼睛觉察到这个死点，因为大脑在形成图像感知的时候自动地把它掩盖起来了。

眼睛必须在眼球静止的状态下才能成像，眼部肌肉通过收缩

3

或拉伸调节晶状体的形状直到清晰的影像呈现在视网膜上，这叫作"定影"。我们对文字的感知就是由一系列的定影形成的。眼睛每停顿一下，就聚焦一次，形成一个定影，并把信息传递给大脑。当眼球移动的时候，大脑无法捕捉到任何信息。也许你会有疑问，为什么我们转动眼球环顾四周的时候能够看到东西呢？因为眼球停顿、聚焦、定影、把信息传达给大脑的速度只需要 1/4 秒。

一次定影在极短的时间内完成，下一次定影紧接着前一次定影，这样自动地继续下去，所以我们没有感到间断。也就是说我们的眼睛感受到的是一系列静止的图片，每一张图片都是独立的，但是由于它们产生的时间间隔非常短，所以我们感觉到的是移动的影像。

一次定影中接收到的内容越多，你的阅读速度就越快。这很容易理解，如果你每次眼球停顿都把焦点放在一两个单词上，那么你需要多次定影才能看完一句话。如果你把视野放宽，每次定影看一句话或半句话，那么你的阅读速度就会大大加快。

眼球外围与眼窝之间有一组六条肌肉，当需要改变实现视线方向的时候，位于哪个方向上的肌肉收缩，视线就向哪个方向转动。如果需要大幅度改变视线方向则需要扭动头部。阅读时并不需要大幅度改变视线，扭动头部会浪费时间和精力，因此在阅读时，应该保持头部不动，只通过眼部六条肌肉的收缩来改变视线。

眼睛并不知道应该在哪里聚焦，或者把视线转向哪里，它接收来自大脑的指令，聚焦之后再把信息传递给大脑。大脑接收到你希望看到的影像信息的同时，也接收到了焦点之外的视觉信息，由此可以判断出下一次聚焦的位置。也许你有过这样的经历，一块石子或别的东西向你飞来，尽管它没有进入你聚焦的范围，但是你也会本能地作出躲避的反应，因为大脑在有意识地注视它之前，已经感知到它的存在了。

在阅读的时候，大脑也是用这个机制来扫视文字的。无论是盯住一个生词，还是快速扫过一个句子或一个段落，这种观察机制是在无意识的状态下进行的。什么是你需要着重关注的，什么是你需要忽略掉的，大脑自动通过一系列的步骤完成。

形成影像并不是感知的全部过程，看到图像只是感知的开始。感知的过程至少要经过六次神经系统的信息交换，有数亿个细胞参与其中，在视网膜和视觉神经之间进行大量的信息转换。然后，由视觉神经把信息传递给大脑，来自左眼的信息进入左大脑，来自右眼的信息进入右大脑，两部分功能完全独立完成。最后，由大脑完成对事物的整体认知。目前科学界仍不清楚这个过程是如何完成的。

我们看到某一事物的过程只需要 1/4 秒，如果没有其他画面进入视线，映在视网膜上的影像就会在 1/2－1 秒内消失。这个过程叫作短时记忆，信息被短暂地储存起来并很快消失，让大脑准备好接受新的信息。如果事物在眼前变化的速度超过 1/4 秒，我们的大脑就不能及时作出反应，无法清晰地感知到看到的事物。我们的阅读速度有一个上限，专家研究发现一般读者无法在一分钟之内认清 900 个以上的单词。因此，如果在阅读训练中过分追求速度，就会影响我们的认知和理解。

每分钟 900 个单词的速度是一般读者阅读速度的三四倍，这为我们提高阅读能力提供了很大的空间。阅读的过程不仅仅是识别单词这么简单，还有更加复杂的思考和理解的过程。理解和思考也要花费一定的时间，因此要想达到每分钟阅读 900 个单词并不容易，如果你能达到这个速度，那么你就是世界上最快的读者了。

小练习：

在印度，打猎的部落喜欢玩这样的游戏：

几个人共同参加比赛，先对某种物体观察一段时间，然后，每个人分别把他们所看到的东西告诉裁判，每个人都要尽量多地说出这些事物的细节。谁说出的细节越详细就算胜利。

这种方法是为了训练猎手的注意广度。你可以用这种方法训练自己的视觉感知能力。

开拓右脑视觉

左脑和右脑在阅读和视觉感知中发挥着不同的功能。左脑按照逻辑的、线性的方式进行思考，负责将一个词语分隔成若干独立的音节，然后按照词语的发音从大脑的语言库中搜索词义。比如，当我们读到"家"这个词的时候，眼睛把信息传递给左脑，左脑会以"jia"的形式读出它的音，然后到左脑中储存的语言库中去搜索含义。

当右脑分析一个词语时，则是另一番情景，它会把文字之间转化为图片影像，把词汇以图像的形式进行记忆。比如，当我们的眼睛看到"家"这个词时，眼睛把信息传递给右脑，右脑会把它看作是一个整体，然后从右脑影像库中搜索与它对应的图像，把我们印象中"家"的图片、含义与感觉链接在一起。

左脑视觉能够看到我们平时肉眼看到的事物，右脑视觉可以看到左脑视觉无法看到的光和颜色。开拓右脑视觉的关键是使用"软焦点"的视觉方法。这种视觉方法是指在阅读时不把焦点集中在一个点上，而是尽量使焦点变得模糊分散。这样得到的影像会直接转化为思维形象，由文字描绘的图像就会清晰地呈现在大脑里。

如果左右脑协同完成阅读任务，阅读效率会大大提高。但是由于传统教育和认知习惯，对于大多数人来说，左脑比较发达，右脑思维没有得到充分开发。充分发挥右脑视觉的效力，当你阅读一本书的时候，视线可以飞快地在段落之间游走，把每一句话或每一段话作为一个整体进行处理，达到快速阅读的目的。当你从书籍或杂志中搜寻一些你感兴趣的东西时，右脑视觉可以让你快速找到你想要的信息。把左右脑结合起来，发挥右脑的超速吸收能力和左脑的逻辑性与渐进性增加词汇的能力完美结合在一起，可以提高"整个大脑"的阅读速度和理解能力。

日本教育学家七田真长期致力于开发右脑的研究，他提出了三种训练右脑视觉的方法：一点凝视训练、3D 图片训练和残像训练。这些方法可以帮助我们集中注意力，而且有助于拓展阅读时视野的广度，提高我们在头脑中清晰地再现图像的能力。

一点凝视训练可以帮助我们扩展视野。首先要准备一张中央印有 3.5 厘米直径的黑色圆点的白色卡片。长时间凝视黑色圆点，直到你看到一个外围比原来的圆点大得多的圆点。平时我们看东西的时候，会把视觉焦点集中在对象上看，眼睛的余光基本上发挥不了作用。一点凝视训练可以让我们看到对象物体的同时，也看到周边的事物，视野变得开阔很多。

3D 图片训练也可以达到这样的目的，看出 3D 图片的诀窍就在于分散视觉焦点，让你一眼就看到全部的阅读内容。3D 图片训练可以激活大脑中的右脑视觉回路，让我们清晰地看到肉眼在平时看不到的内容，并通过右脑的形象思维将其记在脑海中。

有没有玩过三维立体图的游戏？

三维立体图起源于 20 世纪中叶视觉研究领域的一项惊人的发现。研究人员贝拉·朱尔兹发现了人类的"第三只眼"。他设计了一些由彩色短线构成的图片，双眼正常看时，图像保持不变。只用左眼看时，图像保持不变，只用右眼看时，图像仍然保持不变。如果你把双眼的焦点散开时，就会有奇怪的事发生——大脑把左眼和右眼看到的图像重叠起来，当视觉角度合适的时候，就会形成一个立体图像，仿佛你进入了一个异常清晰的魔幻境界。

这种现象告诉我们，视觉系统在感知外界事物的时候，会对双眼看到的事物进行整合，形成一个完整的图像。明白这一点之后，在阅读的时候，就应该让自己的视野更开阔，不要把目光的焦点集中在一个字、一个词上，而是纵览全文。这种方法可以加强我们的眼睛获取信息的能力，有助于加快阅读速度。

在上一节中，我们介绍了锥状感光细胞和杆状感光细胞。视网膜中大概有 1.37 亿个感光细胞，其中杆状细胞有 1.3 亿个，分布在视网膜的周边部位，锥状细胞有 700 万个，分布在视网膜的中心部位。我们平时在看东西或阅读的时候，主要使用视网膜中心部位的 700 万个感光细胞，其余大部分细胞都没有发挥作用。3D 图片训练可以利用周边部位的感光细胞来提高眼睛的感光机能，使视觉形象异常鲜明、清晰。

很多人在刚开始看 3D 图片的时候看不到任何立体图像，但是经过训练之后一般都可以看到。你只要把 3D 图片放在距眼睛 30—40 厘米处，然后把图片向自己的眼睛慢慢靠近，调节视觉焦距仔细观察。需要注意的是，不要观察图片的细节，而应该纵览图片的全貌。

残像训练是训练右脑想象力的重要方法，它可以延长大脑"短时记忆"的时间。这样当你以超过 1/4 秒的速度移动眼球的时候，还可以有足够长的时间存储前面的记忆，使你对文章的理解可以顺畅地进行下去。

残像训练要使用颜色卡片和图形卡片。训练方法是用 30 秒钟凝视卡片，然后闭上眼睛，脑海中出现残像，但是很快就会消失。开始进行颜色残像训练的时候，你看到的是颜色的补色，但是经过一段时间的训练，你将看到本来的颜色，残像存留的时间也会越来越长。

单词辨认

一般人的阅读速度大概为 300 字 / 分钟，也就是说每 1/5 秒辨认一个字。这只是一个粗略的算法，要想准确地测量辨认一个单词所需要的时间是很困难的事。

单词辨认是阅读者在无意识的情况下自动完成的。1935 年，认知心理学家 Stroop 所做的一个试验证明了这一点：

他用了 5 个单词：red, green, blue, gray, yellow。用 5 种颜色分别把这些单词写出来，但单词的意义和颜色是不一致的。比如，用红色写的 "green"，用黄色写 "blue"。他让被试者逐个把这些单词的颜色读出来，这样的任务叫 "唱色"；然后让被试者逐个把这些单词读出来，这样的任务叫 "念字"。试验结果显示 "唱色"的速度明显比 "念字"的速度慢。这说明被试者在 "唱色"的时候，虽然没有被要求识别单词，但是他们仍然试图辨认单词的含义，所以减慢了反应速度。后来这个现象被称为 Stroop 效应。

这个试验表明单词辨认不依赖于意识性的觉察，即使你不想对单词进行辨认和理解，大脑也会自动地或者说是习惯性地对单词进行辨认，提取单词的意义。

如果下一个单词是短的、常见的或者可以预见的，那么在外周视觉加工的过程中就很容易被处理掉。换句话说，也就是这样的单词更容易被辨认出来。单词辨认会受到周围情境的影响，如果目标词前面的情境是一个与目标词的语义相关的单词，辨认时间就会比在无关刺激或没有任何刺激的情况下辨认时间更短一些。这在认识心理学上叫作语义启动效应。比如，你的目标词是 "火车"，如果启动刺激的单词是"铁轨"，就比无关刺激的单词"麻雀"，或者没有任何刺激单词更容易辨认。

之所以会有这种语义启动效应，是由大脑存储信息的模式和思考问题的方式决定的。大脑能够对收集来的各种信息和数据进行分类整理。比如，当你学会确认和辨别"猫"这个单词的时候，你的大脑中就存储了有关猫的档案信息，包括猫的字形、发音、词义，猫的模样、种类、叫声等。我们的大脑对于其他的所有词汇都会以相似的模式系统得到存储。比如，花、云、孩子、杯子、笑容等，都是如此。总之，我们的大脑把很多相互关联的内容，像大树的枝杈那样分类存储在记忆中，当我们看到一个单词，与之相关的所有信息就会被激活。

大脑工作机制的关键是想象和联想。人类通过右脑的感觉可以将外界信息以光波的超高速射入大脑，以图像的形式处理语言、文字、数字、声音、气味。当你看到"水果"两个字之后，大脑中呈现的不是打印的"水——果"两个字，而是一幅水果的图像，可能是你爱吃的一种水果，也可能是装满苹果、香蕉、葡萄的水果篮。你甚至能看到水果的颜色，闻到水果的香味，这时你运用的是想象和联想的能力。

大脑是一个超级计算机。1990 年俄罗斯科学家的科研报告中指出人类的脑细胞中有 IMS——一种由微小管组成的信息管理系统。这种信息管理系统使脑细胞能够快速传递信息。微小管呈管状，直径约为 1 毫米的四万分之一。所有脑神经细胞都存在这种微小管，大脑就是通过这些微小管处理大量信息的生物计算机。大脑可以自动把学到的每个词汇归入不同的类别，就像图书馆相互参照的书籍和书后的索引。当你看到一个词语时，大脑就会进行四通八达的联想。比如，如果我们要你举出你所知道的水果种类，你会把苹果、橘子、梨子、香蕉、葡萄等存储在水果这个分类上的信息列举出来。如果我们要你举出紫色事物的名称，你会从"紫色"这个类别中搜寻信息，也将葡萄包括在内。

我们的大脑是一部虚拟的词典，存储了每个单词的字形、发音、意义以及与之相关的所有信息。当我们看到一个单词的时候，与之相关的一切就会自动被查阅。总之，这个单词会牵动与之相关的各种信息，引导你去期望与这个单词相关的单词出现在后面。如果后面出现的单词满足了你的期望，那么你就能很快处理这个单词传递的信息，辨认这个单词的时间会缩短。研究者还发现，阅读者的期望效应是缓慢培养起来的，这说明阅读者的期望有助于对后面词汇的辨认，这种期望得到鼓励之后，就养成了习惯。

认知心理学家 Neely 通过对语义启动效应的研究得出了两种解释。一种是启动词与目标词是否具有相关性；另一种是目标词是否符合阅读者的期望。试验表明语义启动可以大大提高单词辨认的速度。

如果文章情境中出现一个多义词，多义词后面紧跟一个目标词，那么如果目标词的词义与前面句子中的多义词一致，就比较容易辨认。这也是一种典型的情境效应。例如，情境句子是"老鹰的眼睛很锐利"。如果后面的目标词是"目光"，就比目标词"宝刀"更容易辨认。

小练习：

ESP 视觉训练：

ESP 是英文 Extra Sensory Perception 的略称，意思是"超感觉"。ESP 视觉能力是通过右脑感觉获取信息的能力。这种能力是所有人天生就有的，但是没有被开发出来。当你开发出这种能力之后，就能将外界信息以光波的超高速摄入大脑，还可以培养右脑的瞬间记忆能力，大大提高单词辨认的速度。

具体做法就是将你看到的信息转化为图像的形式进行识别。

阅读中的眼动

阅读速度与眼部运动有直接的关系，要想快速阅读，首先要了解眼部肌肉的运动机能，然后想办法改善。

在阅读时，我们感到自己的视线是平稳地在书面上移动的。事实上，它们是不断快速跳动的，这叫作"眼跳"。我们已经知道眼睛每定影一次需要 1/4 秒的时间，眼跳就是每次定影之间的间隔。每次眼跳需要 10—20 毫秒。一般读者每次眼跳的空间距离为 4 个字符。

通过前面的学习你已经知道，阅读者在每一次定影的时候才能提取信息。研究者发现阅读者每次停顿视线的时候，定影之外的文字内容都遭到破坏，只允许定影内的文字内容进入人的眼睛。定影的范围也就是视野的广度，这个范围受到文章难度和字体大小的影响。定影范围通常为焦点左侧的两三个字符和焦点右侧的七八个字符，导致这种不对称现象的原因是阅读的顺序，一般人们都是从左向右阅读，右侧的文字包含着更多的信息。希伯来语的书写顺序是从右向左，读者在阅读时则体现了相反的不对称性。

研究者发现有三个不同层次的知觉广度，第一个层次是总知觉广度，即从文章中获得所有信息的总体区域，这个区域范围最广；第二个层次是词语辨认广度，即从文章中获得与词组或短语相关信息的范围；第三个层次是字符辨认广度，即从文章中获得与单个字符相关信息的范围，这个范围的广度最小。这三个不同的层次说明视觉焦点以外的信息也被用于阅读。

前面我们已经提到过，有两种形式的"看"，一种是把视觉焦点对准对象进行注视，另一种是用眼角的余光进行扫视，叫作外周视觉加工。这和知觉的广度有密切关系。在阅读的时候，虽然你没有关注视觉焦点之外的信息，但是你的大脑的潜意识已经对它有了模糊的印象。这种外周视觉加工对提高阅读效率具有重要的意义。

研究者针对这个问题进行了一项试验。在读者视觉焦点的右侧出现一个预览词，当读者完成一次眼跳抵达这个词，这个词成为处于视觉焦点范围内的目标词。研究者让预览词和目标词发生改变，通过比较发现，如果预览词和目标词相同，对目标词的注视时间会缩短一些，如果目标词与预览词不同，注视时间就会加长。如果目标词和预览词之间在字形、读音上有相似之处，读者对目标词的注视时间也会缩短。但是，如果只是语义有相似之处，阅读速度则没有明显的变化。这说明阅读者可以通过外周视觉加工获取视觉和语音信息，但是没有达到理解语义的水平。

阅读学研究者发现阅读者注视每个单词的时间不是平均的，

有些单词注视时间长一些，有些单词注视时间短一些，有时甚至会略过一些单词。试验表明，阅读者对不常见单词比常见单词的注视时间更长一些，对助词、语气词等不重要的词的注视时间会少一些，对那些在句子情景中容易预见到的单词的注视时间会少一些，当一个词前面有一个不常用词出现时，对这个单词的注视时间会延长。

针对阅读时读者眼动的过程，研究者提出这样一个假设：阅读者要检查他们所注视的单词的使用频率，这是启动一次眼动程序的第一个步骤。接着，阅读者要辨认这个单词的字形、语音，提取单词的语义信息，这个步骤比检查单词使用频率的时间更长一些。单词的语义信息取出来之后，阅读者的注意力转移到下一个单词。

有些单词是怎样被读者略过的呢？如果读者机械地处理完一个单词，接着把目光移向下一个单词，那么他就无法预知下一个单词的含义，也就不可能把它忽略掉。研究者进一步假设，下一次眼动在对当前所注视的单词的加工部分完成的情况下就已经启动了，这样就缩短了下一次眼动与当前单词加工完成之间的时间。如果下一个单词是短的、常见的或可以预见的，那么很快就可以完成对它的识别与理解，这个单词就被"忽略"掉了。实际上并没有跳过这个单词，只是对它的处理完成得足够迅速，前面的词还在被注视的时候，对下一个词的加工已经完成了。这个假设与眼动数据保持良好的一致性，说明这个假设是正确的。

通常情况下，我们的视野集中在视网膜的中心位置，视网膜周边部位的感光细胞没有被充分利用起来。改善眼球的运动机能可以大大扩大视野，将一次定影收入视网膜的对象增多，阅读时读取信息的能力增强，可以更快更好地完成外周视觉加工，从而提高阅读效率。

眼肌训练可以加快眼动速度，改善眼球机能，扩大视野，提高一眼读取更多信息的能力。眼睛有六种眼肌：上直肌、下直肌、内直肌、外直肌、上斜肌、下斜肌。这六种眼肌共同作用，使外界事物在视网膜上正确成像。训练这六种眼肌可以使眼球运动更灵活，培养一目十行的能力，更好地发挥外周视觉加工的效力。

小练习：

眼肌训练：首先，训练上直肌和下直肌。

如此往返看10秒钟。每天做一次。

其次，训练内直肌和外直肌。

同样，眼睛沿箭头方向看卡片上的线。先从①出发，向②的方向移动视线，到达②之后返回到①，重复刚才的动作。不要从②逆向返回①，因为我们的阅读顺序是从左向右。同样每次10秒钟，每天练习一次。

最后，训练上斜肌和下斜肌。

保持头部不动，只移动视线，沿箭头方向看卡片上的线。先从①出发，向②的方向移动视线，到达②再返回①，眼睛沿着箭头方向看卡片上的线。从①出发，按照①②③④的顺序移动视线，看到④之后，再把视线引向①。如此反复练习10秒钟，锻炼上斜肌。然后按照①④③②的顺序重复刚才的动作，练习10秒钟，锻炼下斜肌。每天做一次。

语义加工与推论

一千个读者就有一千个哈姆雷特。看到同一篇文章，不同的读者会产生不同的理解。我们对文章的理解是如何发生的呢？这一节我们来学习阅读理解的原理，包括句子的理解和段落的理解。

对句子的理解有两个层次的内容，第一个层次是对语法分析，即关注词汇的组合方式。第二个层次是对句子意义的分析，需要注意的是句子的真正意义和句子的字面意义有时并不一致。

语法是把词汇组织起来的一系列的规则。作者与读者应该对语法有共识，他们之间才能顺畅地交流，这种语法才有意义。我们知道什么样的句子是允许的，什么样的句子是不被接受的。比如，"明天可能会下雨"这个句子的语法正确，是我们能够接受的。"明天雨下可能会"这个句子则违反语法规则，不能被接受。

即使作者使用正确的语法进行写作，我们在阅读的时候仍然会有难以理解的情况，因为有些句子的语法有歧义。比如，"车子没有锁。"由于"锁"的词性不确定导致这句话产生歧义，如果是名词，这句话可以理解为车子的锁丢了或者坏了，如果是动词，可以理解为车子的主人没有锁上车子。"他要学习文件。"由于句子停顿不明确，致使这句话产生歧义，导致理解错误。如果在"要"后面断句，可以理解为他要看一份"学习文件"。如果在"学习"后面断句，则可以理解为他要学习某种文件。文件是学习的宾语。

关于理解句子的过程有两种理论，一种是序列加工理论，一种是平行加工理论。序列加工理论是指，理解一个句子的时候，首先挑选一种语法分析，如果这种语法分析被证明是错误的，那么读者会挑选第二种语法分析，直到分析恰当为止。平行加工理论则认为多种语法分析是同时进行的。序列加工理论是模块化的，认为词汇提取早于语法分析，语法分析早于语义加工。平行加工理论则认为这几个模块之间是交互作用的，认为存在一个整合辨别词汇、语法分析和语义加工的单一的理解过程。

研究表明阅读者对文章的理解取决于文章的难度和阅读的方式。如果文章的难度较大，采用默读的方法会使读者更容易理解文章所传递的信息。如果文章的内容比较容易，默读或者出声读，对理解文章内容产生没有太大的差别。如果一些句子由很多语音相似的词构成，阅读者对句子的理解水平就会降低。发音抑制不但影响阅读者对文章的理解，还会影响阅读的速度。默读比出声阅读的速度更快，因为默读不需要实际发声动作所需要的时间。

对段落的理解要有推论的过程，这是理解文章的核心。简单地说，就是联系上下文理解文章的意思。如果断章取义，就会曲解文章的意义。认知心理学家认为推论是理解过程的核心。因此阅读时要关注句子和句子之间的逻辑关系，以及段落中隐含的意思。比如：

1. 王先生今天突然想抽支烟，于是出去买。

2. 他来到商店发现没带钱。

3. 他只好沮丧地返回家。

这三个句子之间是递进的因果关系，只看其中的一句话，都无法知道故事的整个过程。要想透彻地理解这段话的意思，你需要运用推论猜测出段落的隐含的意思：王先生并不经常抽烟，买烟需要花钱，王先生总是丢三落四或者比较穷，王先生今天心情不好。这段话没有直接表述这些意思，通过推论我们可以使这段话的内容更丰富。

对文章语义的推论可以分为连接性推论和联想性推论两种。连接性推论是对文章当前部分与前面的内容建立一致的关系，比如，根据前面两句话之间的联系，我们可以得出结论——买烟需要花钱。联想性推论是对文章的内容加以修饰添加一些细节，比如，由第二句话我们可以推论——王先生总是丢三落四或者比较穷。这是我们想象的推论，未必与事实相符。

阅读者一般进行的是连接性推论，这对理解文章的内容非常重要。连接性推论最常见的形式是通过首语重复进行推论，即一个代词或名词必须通过前面出现的某个名词或短语来识别它所指代的内容。比如，小李在这次比赛中获得了冠军。这是他梦寐以求的。这句话中的"这"指代的是"获得冠军"，"他"指代的是"小李"。

要想透彻地理解一篇文章，需要读者积极地参与推论，以得出文章中没有直接给出的信息。在进行推论的时候，阅读者必然会根据自己已有的经验和知识发挥联想。比如，看到"那个学生从 13 楼跳下来"这句话，读者就会得出推论——那个学生会摔死。当看到"她在搅拌咖啡"这句话的时候，读者就会得出推论——她用的是勺子。这些推论都是根据基本的常识，虽然未必一定和事实相符，但是这种推论可以使读者在头脑中产生一个完整的、合乎逻辑的画面。

研究者认为阅读者在阅读过程中会对文章所描述的情景构建一个心理模型，这个模型所包含的信息要比文章所呈现的信息丰富得多，多出的信息就是读者结合文章内容和自己的知识经验通过联想性推论而获得的。因此联想性的推论具有很强的主观色彩，如果应用不当则有可能误解文章的意思。

第二章

阅读与理解

阅读与思考

　　阅读影响思考，思考反过来也会影响阅读，二者相辅相成。只有经过思考，才能在阅读过程获得真正有价值的东西。我们必须在广泛阅读的基础上才能通过思考作出正确的判断和决策。两千多年前的大教育家孔子曾经说过："学而不思则罔，思而不学则殆。"一针见血地指出了阅读与思考的辩证关系。

　　所谓"学而不思"就是阅读书本信息而不动脑筋思考，只是死记硬背，而不加以理解消化。就像吃饭而不加以咀嚼，囫囵吞枣。虽然得到了信息，但是难以吸收，不能化为己有。有些人读了很多书，但是却不能融会贯通，更不能灵活运用，自己的大脑成了别人思想的跑马场。这些人就是我们常说的死读书的书呆子。

　　正如哲学家叔本华说："许多人整日读书，很少思考，其独立思考的能力逐渐丧失的那样。这就像老是骑马的人，逐渐忘记了走路。这是许多学人的悲剧，书越读得多，人越来越蠢。"读书不思考，就不能对书中的内容心领神会，得到一些浅薄的印象会稍纵即逝。边阅读边思考就会加深对文章的理解和记忆。

所谓"思而不学"就是闭门造车，冥思苦想，而不从书本中获取信息和知识。有些人喜欢思考问题，但是自恃聪明，甚至看不起前人的知识成果，不屑于学习书本上的知识。他们不借鉴前人的成果，必然会走很多弯路，最后不得不重新学习书本上教导的方法。如果不吸收书本上的信息，自己盲目探索，就好像放着前人开辟出来的道路不走，妄图自己披荆斩棘重新开辟一条道路。其实，他们是把前人走过的路再走一遍，也许穷其一生都无法走完。通过阅读，你就可以知道古今中外所有对人类发展作出重大贡献的人们给我们提供的宝贵的知识和经验。

这两种情况都没有处理好阅读和思考的关系。正确的做法是一边读书，一边对书上的内容进行思考，并得出自己的观点和见解。

我们本能地把与我们无关的事物虚无化。比如，你约好了一个朋友在咖啡厅见面，你准时来到咖啡厅，环视四周之后你发现你的朋友还没有来，对咖啡厅是否坐着别的客人，你毫不关心。你在寻找什么，你就能首先发现什么。这个道理也可以适用于阅读的过程。书本上的内容会指引你关注某些信息，通过作者的视角，你会看到一些新鲜的事物。你的思想中开拓出一片新天地。

大脑中存储了你以往所有的知识、经验和观点。基于这些信息，你对某个人或某件事作出自己的评价，确定自己的态度，作出自己的选择。但是，你的态度和选择未必是正确的，思考在阅读中发挥的作用与此类似。如果你对某个人或某件事抱有偏见，你就会不自觉地希望自己的观点得到证实。你会寻找那些能够证明你的观点正确的信息，回避那些与你的观点有冲突的信息。

阅读过程的许多步骤是在潜意识里完成的，比如，我们前面介绍过的大脑会根据已经读过的内容自动选择下一个定影点。阅读一篇文章之后，虽然你不能一字不差地记住原文，但是大脑已经把信息用浓缩和抽象的形式存储在记忆系统中，你可以回忆出一些主要内容和其中的关键信息。通过思考，我们可以从作者写的字面意思推测出作者没有写出来的内容。

优秀的阅读者绝不会停留在对作者观点的简单接受的基础上。他们会不断质疑所读的内容，弄明白作者为什么说那些话。他们不会轻易放过任何一个自己不懂的地方。如果理解不了，他们就会找到问题的所在反复阅读，以求得到深入的理解。大脑可以把通过阅读获得的新的信息与记忆中存储的信息联系起来，并进行分类比较。在你意识不到的情况下，新的信息与旧的信息就发生了联系。大脑在旧信息基础上对新信息作出评价、判断和归类。

阅读的时候，我们的大脑会自动完成对信息的吸收、处理和存储。日后看到相似的信息，记忆库中的信息就会被提取出来，帮助我们作出判断和选择。无论是在工作中、学习中，还是生活中，所有的思考都要以充足的信息为前提。这些信息的来源则是各种阅读材料。只有通过大量阅读，才能保证你朝着正确的方向思考。

我们平时思考问题的时候，都是站在自己的角度来观察和理解周围的人和事，这样难免会陷于狭隘，因为你不关心别人的想法和感受。你对事物的看法受限于自己的知识和经验。随着知识的增加，社会阅历的丰富，你对事物的看法也会发生改变。阅读是使你扩展视野，开阔思路的最好的方法。比如，政治、经济、国际关系等宏观的问题，我们只能通过阅读进行了解。

王国维在《人间词话》中提出的读书三境界的说法已经风靡百年了。第一境界：昨夜西风凋碧树。独上高楼，望尽天涯路；第二境界：衣带渐宽终不悔，为伊消得人憔悴；第三境界：众里寻他千百度，蓦然回首，那人却在，灯火阑珊处。我们可以把第一境界看作阅读和思考的开始，把第二境界看作阅读与思考结合的过程，把第三境界看作阅读与思考结合的必然结果。

理解的问题

莎士比亚说："书籍是全世界的营养品。生活里没有书籍，就好像没有阳光；智慧里没有书籍，就好像鸟儿没有翅膀。"要想吸收书籍中的营养，就要充分理解书中的内容，把握作者的思想。

你有没有这样的经验？当你一鼓作气读下去的时候，由于走神或者受到干扰，你发现自己并没有理解前面的内容，越往下读越看不明白，只好返回头去重新读一遍。在没有理解的情况下继续往下读，很可能会读不懂，或者发生误解。因此，当你发现不懂的地方，不应该一味地读下去，而应该找出不懂的原因和你丢失的信息。这类似于我们在一片森林中行走，作者的思路就像森林中的路标，引导我们走出森林。当你不能理解作者的意思的时候，就找不到路标了，就会在森林中迷失方向，你应该找到丢掉的路标，不要盲目试图穿过森林。否则就会造成肤浅的理解，甚至曲解作者的本意。

作者写作是编码的过程，读者阅读是解码的过程。如果读者不能正确理解作者的意思，就会在解码过程中出现问题。这个过程好比作者用单词作为砖块构建了一座房子，然后把房子拆成一块一块的砖头传递给读者，再由读者重新组建成房子。只有读者完全理解作者的意思，才能使房子呈现出原来的样子。如果读者在重建过程中，丢了砖头，或者弄错了砖头的排列方式，就会歪曲作者的意思，即便重建了一座房子与作者原来房子的建筑结构保持一致。

要想重建一座与作者原意相符的房子，首先要理解文章主题和内容。理解文章的主题也就是要掌握文章的中心思想和作者的主要观点。只有这样，才能对文章有一个本质性的了解，才能保证读者重建的房子与作者的建筑风格一致。文章的主题一般在开头和结尾有简单的介绍。如果你对作者的主题感到陌生，理解起来就会感到困难，需要付出一定的努力。

文章的内容包括文章的段落和细节。只有理解了文章的内容，才能保证房屋的框架和结构与作者原来的房子保持一致。有些读者过分纠缠于文章的细节内容，导致阅读速度太慢，停滞在文章的某个部位，无法了解文章的全貌。通过从整体到局部再到整体的阅读方法，可以把握文章概要和大体思路，从而避免出现"不识庐山真面目，只缘身在此山中"的情况。

要想理解文章的内容，一个重要的诀窍是抓住文章的关键句子和关键词。段落的中心句子一般在一段话的开头或结尾。有时作者会用自己独特的方式遣词造句，写出一些超出常规的理解范围的句子。如果没有紧接着做出解释，你只能继续往下读。有时你可能还会碰到含糊不清或逻辑混乱的表达，给你的理解造成困难。不过，这种情况并不太多。

站在作者的角度理解文章，可以更好地理解文章的意思。当你细细体味作者的情感和意图，并带着感情投入到阅读过程中的时候，你就能理解为什么作者会有那样的观点和感受。因此在阅读文章之前最好了解一下作者的一些基本的情况，比如，家庭背景、教育背景、写作风格、主要经历和主要思想等。

质疑是深入理解文章的钥匙，如果你对文章的内容有疑问，不要轻易放过，解决问题之后，你对文章的理解就加深了。如果读一遍有一些不明白的地方，那就再读一遍，重读可以增加对文章的理解。有些人自己感觉读懂了文章的内容，可是在回答问题的时候，又说不上所以然来。其实，他们并没有弄明白作者的真正意思以及作者为什么那么说。优秀的阅读者还应该在没有疑问的地方提出疑问，在有疑问的地方解决疑问。这样才可以更加透彻地理解文章的意思。对问题分析得越透彻，对文章理解得就越深入，你学到的东西也就越多。

提到理解的问题，大多数人会强调精读，但是读书也可以不求甚解。有的书需要细嚼慢咽，有的书可以囫囵吞下，有的书可以浅尝辄止。在这个信息大爆炸的时代，我们没有时间精读所有的书。如果采用不求甚解的态度，就可以在一定时间内读更多的书，以便获得广博的知识。此外，并非所有的书都有用，那些对自己没有太大用处的书，就没有必要花费时间和精力一定要了解透彻。

没有理解的阅读不是真正的阅读，而是纯属浪费时间。只有你自己清楚你是否对文章的内容充分理解了。前面我们已经提过如何检验自己对文章的理解力。除了写出文章的概要之外，更重要的衡量方法是看你能否在现实中应用你从书本上学到的东西。如果你能够在现实生活中自由应用，说明你已经充分理解并完全掌握了。

高效学习

学习之前，首先应该明确学习的目的和动机。无论是在老师的指导下学习，还是学生自学，学习的目的都应该是为了获取知识，在实际生活中运用所学的知识为自己、家人和社会服务。但是有些学生学习纯粹是为了应付考试，学习的动机只是为了拿到学分。抱着这样的态度学习，学完之后很快就会把知识遗忘。你应该相信现在学到的东西，将来总能派上用场的。

学习的途径主要是通过阅读，据统计大学的学业任务的70%－80%都是阅读。但是在学习过程中，大部分学生仅仅阅读老师指定的资料，然后在考试之前进行突击复习。复习只是学习过程中的一个环节，但是很多学生把大部分时间用在了复习上。

那些学习成绩好的学生往往并没有付出太多的学习时间，而是掌握了更有效的学习方法。方法决定学习效果，如果掌握了高效学习的方法，每个人都可以成为饱学之士。兴趣、专注和重复是高效学习的三个关键因素。

兴趣是最好的老师，高效学习应该建立在对所学内容感兴趣的基础上。对于你原本不感兴趣的东西，你可以尝试发掘其中的乐趣。在兴趣的引导下，学习会变成非常愉快的过程。没有任何一个学科是完全没有乐趣的。你可以问问自己这些知识是如何影响生活的？在生活中是如何应用的？没有任何一种学问完全与你的生活无关。

在学习过程中，阅读理解的技巧发挥着重要作用。分清主次信息、理清思路、推断结果、整理信息等技巧都需要理解力。理解文章的内容，你就明白了事情的来龙去脉和前因后果，了解了事情之间的相互联系。当你能够透彻地理解文章的内容时，你就能体会到学习带给你的快乐和成就感，就会对学习更加感兴趣了。

要想提高学习的专注度，应该掌握好学习时间。首先，劳逸结合比不间断地学习效果更好。最高效的学习时间安排应该是集中精力学习 20—40 分钟，然后休息 5—10 分钟，然后用 2—10 分钟复习刚刚学过的内容。反复地复习可以让你把知识掌握得更加牢固。

在一个学习时间段里，一次性读完一章内容比只读其中的一部分更容易掌握。各个部分内容之间有一定的逻辑关系，把握住逻辑关系就更容易理解文章的内容。因此，在阅读时应该按照逻辑关系划分学习单元，每个学习单元掌握一个主题，而不是按照学习时间来划分学习单元，这种方法可以大大提高学习效率。

一份有效的时间规划可以大大提高学习的效率。很多学习问题都是由于缺少一份合理、有效的时间规划。你应该把你需要做的事情一一列出来，衡量每件事的重要程度。先给自己足够的时间完成最终要的事情，然后再分配剩下的时间。做好计划之后，就要严格执行。做好时间规划之后，你就能从容地应对学习上的问题，学习起来也就更容易集中精力。

凡事欲速则不达，在刚刚开始学习的时候不要急于求成，如果一开始就以很快的速度阅读，就会遗漏信息，为以后的学习造成困难。在预览全文之后，应该缓慢而细致地阅读材料，然后逐渐加快速度，慢慢掌握高效阅读的节奏。

高效学习来源于重复，复读可以增进理解。有些资料看一遍很难完全吸收，必须阅读多遍才能更好地掌握。有人可能会觉得自己没有时间阅读很多遍，其实你没有必要每次都用相同的方式阅读。

第一遍阅读，你应该快速浏览全文，了解文章的主题、概要和主要观点，为进一步阅读做好准备。第一遍阅读完毕之后，你可以问问自己，已经学到了什么？还可以学到哪些内容？你可以把自己想要了解文章的内容和对一些问题的疑问列举出来，带着这些问题进行更深入的阅读。

第二遍阅读应该仔细而深入地阅读，全面理解文章的内容。用点、下划线或竖线等标记画出文章的重点。你还可以在书页的边缘写上注释和问题，方便自己在以后复习的时候指定哪里需要重视，哪个问题还没有解决。有了这些标记，你就能更有效地对文章进行复习。

第三遍阅读尝试找出内容之间的联系，弄清楚各部分内容是如何协调组织起来的。检查一下是否有遗漏的信息，确定自己完整而正确地理解了文章的内容。这个阶段是对所学信息进行记忆的阶段，记忆的最佳方式就是充分理解信息，并把所学信息与已知信息联系起来。通过思考把信息重新组织起来，把学到的内容真正变成自己的东西。然后，把刚刚学到的东西与大脑中已有的信息联系起来，找到的联系越多，记忆效果越好。

理解和记忆最好的办法就是把所学的东西在实际中运用起来。如果你想记住所学的东西，你必须运用它，在实践中它才能真正变成属于你的东西。如果你学的是数学、物理、化学等技术性的东西，就要勤做课后习题，通过做题检验自己是否掌握了所学的东西。如果学的是语言、技能等实用性的东西，就要在实际操作中检验自己的学习成果。如果在运用过程中出现问题，就要回顾教材及时解决问题。

定期复习所学内容，及时回顾笔记，可以巩固所学知识。复习的次数越多，对知识理解和记忆的效果就越好。这种方法在外语学习中效果非常显著。

搜索信息

怎样才算把一个问题理解透彻呢？看懂一本书上的一个观点并不表示你把这个问题弄懂了。你应该搜索与该问题相关的更多的信息，通过分析比较得出全面的客观的看法。你可能想到了前面我们介绍的阅读层次中的第四个层次——主题阅读，尤其是对于那些做专题研究的人来说，这个层次的阅读非常重要。

在每个领域都有百家争鸣的现象，针对同一个问题，不同的专家会有不同的观点。只有通过比较、辨别，你才能更完整地理解一个问题。因此要搜索相关的信息，获得充分的参考资料。在搜索信息的过程中，要对你首先发现的观点抱有怀疑的态度，要用宽容的心态接纳与它相反的观点。只有这样你才能通过对比得出自己的观点。

我们在学校的时候都是按照一本权威的教材进行学习，这些权威的教材都是各个领域权威的专家整合各方的观点和意见组织编写的，章节之间表现出高度的一致性。但是当你看到一些参考书的时候，你会发现对一些问题存在很多不同的观点，即使在权威专家之间也有很多的争议。能够达成一致意见的只是其中一些最基本的知识和理论，很多观点都还没有定论。如果你想对一个问题有充分的了解，就不能只听一家之言，而应该参考多方的意见。

首先，你要做一个参考书目和文章的列表。去图书馆查阅都有哪些与你要研究的主题相关的书籍和报纸杂志。你可以使用主题或作者索引从图书馆的信息系统中找到相关信息。当然，你可以借助更加便捷的网络资源，通过搜索引擎查找相关资料。此外，你还要参考百科全书、词典等工具书，解决在阅读过程中遇到的生僻字词或专业术语。

在查找参考书目的过程中，读者经常犯的一个错误就是不能尽可能多地搜集信息，找到一两本书就停止搜索。那一两本书的观点不能代表一个领域所有专家的意见。如果你没有搜索到足够的信息就匆匆停止搜索，很可能会遗漏一些影响你的态度的关键性信息。因此要把参考书目的列表做得尽可能完善。

除了数量的问题，还要注意信息质量的问题。首先，你所搜索的信息应该有充足的理论依据或实践证明，最好是这个领域里面权威人士的观点。权威人士提出的观点一般是自己长期研究的结果。如果你找到的资料没有充足的理论支持，而且不是这个领域重要人物的观点，很可能是有些人人云亦云，或者是自己凭空设想的观点。这样的资料没有什么参考价值。这个过程要用检视阅读快速浏览你的参考书籍，从书目列表中删掉一些没有太大价值的书籍，把书目简化到一个合理的程度。

知识不是固定不变的，而是不断更新，不断发展的。人们通过不断的研究、探索，提出新的见解和解决问题的新方法。每个领域的知识都浩如烟海，只有深入其中探索这个领域的奥秘，才能发现其中的乐趣。浅尝辄止的态度无法进行深入的研究，也就不能对文章内容进行透彻地理解。

最后，博采众家之长，把搜集来的信息加以组合，进行主题阅读，对这一主题形成整体的认识。从与主题相关的大量书籍、期刊和杂志中，找出关于这一主题的主要的观点，分离出有分歧的观点，分别深入研究不同的观点，找到不同的观点立论的根据。即使对权威的观点也要提出质疑，因为随着时代的发展在过去正确的观点，可能现在已经过时了。这并不是否认前人的成就，而是站在巨人的肩膀上，吸收前人的成就，丰富自己的思想，得出更高更新的观点和理论。要想高效地运用前人的知识和成就，你要有怀疑的精神和创新的精神。怀疑和创新是推动人类文明发展的重要动力。

在互联网上，你能找到一些非主流的观点，看到之后不要急于否定或肯定，应该先分析各个观点与主流观点之间的差别，弄清楚这些观点提出的依据，然后作出自己的判断。非主流的观点可以让我们看到其他的可能性，开拓我们的思路，使我们站在主流观点之外思考相关问题。

形成自己观点的过程就是不断立论和反驳的过程，重要的是要通过独立思考对搜集到的信息进行客观地评价，辩证地对待。

辨别真伪

阅读的过程好比我们在浩瀚的信息海洋中遨游，会遇到珍珠宝石，也会遇到水草暗礁。有些信息是正确的，对我们有价值的，帮助我们作出正确的判断和选择。有些信息则是错误的，会扰乱我们的视听，使我们作出错误的判断。怎样分辨知识的真假，理论的对错呢？马克思主义理论告诉我们实践是检验真理的唯一标准。"实践"也就是我们在前面强调的把学到的东西在实际中运用起来。这不但可以加强对知识的理解和记忆，还能帮助你辨别知识的真伪。

但是，我们需要面对的一个困难是很多理论和知识不能很快在实际中应用起来。此外，知识是不断更新的，已有的知识都是需要不断完善的。随着时代的进步，各种观点和理论都会被更新的、更完善的观点和理论所取代。

如何在阅读过程中对现有的理论和观点进行辨别呢？最简单最重要的方法就是"对比"。把不同的观点放在一起进行对比，可以使它们的优劣对错凸现出来，从而作出选择或者找到改进的方法。人类几千年的发展过程中从来没有停止过这种思维方式。对比包括横向的对比和纵向的对比。横向的对比是指对不同观点或不同事物进行对比，发现它们之间的区别。纵向对比是指在不同的时间观察同一个观点或同一件事物，然后对比两次观察的结果，发现二者的不同。根据分析观察结果，人们提出一些理论来说明二者为什么会相似或不同。这些理论可以通过进一步的观察或试验来检验它们的正确性。

　　知识的更新速度越来越快，如何在保持独立思考的同时辨别信息的价值和理论的真伪呢？除了进行观察和对比之外，下面几种方法也可以帮你对信息进行甄选鉴别。

　　首先，要看看这个理论对术语的界定是否清晰，这些术语的内涵是不证自明的还是需要别的理论支持的？如果需要理论支持，那么它的前提和基础是否可靠呢？

　　其次，要看看这个理论内部是否一致，各个论点之间是否协调？全文中的观点有不一致的地方吗？如果文章出现前后矛盾的现象，说明这个理论的作者都没有弄明白他所研究的问题、这样的理论是不可信的。

　　我们还可以运用对比的方法检查一下这个理论是否与领域内同一主题的其他理论一致，要想得出全面的、正确的观点，就要在更大的范围内进行对比。如果与其他理论有分歧，那么就要分析专家的解释和依据，看看哪个更有说服力。这个过程读者要进行独立思考，归纳总结出自己的观点。

最后，如果有条件，最好通过试验或实践核实自己的观点，检验理论的正确性。毕竟实践是检验真理的唯一标准，与实际相符的理论才是正确的。

有时候作者得出一个结论并没有正确、完整论据，在这种情况下他得出的结论是不可靠的。因此你要检验作者证明的自己观点的论据是否正确。有时候作者的论据没有问题，但是论证的过程并不合乎逻辑，由论据根本无法推出结论。因此你还要看看作者的论证过程是否存在问题。此外，还要了解作者本人的思想和品行，作者可信吗？以前有过哪些著作？主要观点是什么？别人是怎么评价他的？

只有独立思考的读者，才能做到真正的理解。也只有独立思考的读者才能主动辨别作者观点的真伪，否则就会像盲人摸象一样，只看到局部，无法进行对比。不能对每个人的观点进行对比和整合，就无法看到大象的全貌。所以阅读的时候，应该至少请教三个人的观点，一方面可以检验自己的理解是否正确；另一方面可以通过对比你们之间理解的异同，修正完善自己的观点。

明白了真理的相对性，你就知道没有必要执着于自己的观点。在开始的时候，你的观点可能不成熟不完善，但是随着经验的积累和眼界的开阔你可以不断扩展自己的观点，用新鲜的信息充实自己的观点，通过补充和修正使你的观点逐渐完善。

权威的观点虽然能够得到大多数人的认可，但是你也要抱着怀疑的态度对它进行审视，因为真理是相对的，没有任何一种观点是永恒正确的。随着时代的发展，每个领域里的权威观点都在发生变化，被更新的观点所取代。比如，天文学界哥白尼推翻了托勒密的学说，提出地球绕着太阳转。麦哲伦环球旅行证明地球是圆的，而以前的权威专家都坚信地球是平的。这种推翻以前权威观点的例子在科学界数不胜数。

真理具有相对性，很多观点并不是非黑即白，有些观点或理论在一两种情况下成立，在其他情况下不成立。因此你还要分辨你从书中看到的观点在什么情况下是成立的，在什么情况下是不成立的。这种分辨能力要在广泛阅读的基础上逐渐培养起来。

最关键的还是要在实践中检验，看看这些观点是否与实践经验相符合，如果书中的理论能够在实践中发挥作用，则说明这个理论是正确的。

第三章

阅读与速度

/

什么是速读

提到"速读"，很多人可能会误以为是快速阅读的简称。其实不然，速度只是速读的一个方面，速读的真正含义是快速而有效的阅读。除了训练快速阅读之外，速读还要求记忆力和理解力的提升。

阅读速度慢的人每分钟只能阅读 120—150 个字，这个速度接近人们平时讲话的速度。因为他们在阅读的时候习惯于默念，先把看到的文字信号在大脑中转化为声音信号，用耳朵阅读代替眼睛阅读。他们认为只有读出来才能理解文章的意思，事实上并非如此。比如，你盯着窗外的景物看 3 秒钟，然后立刻闭上眼睛，描述出你刚才看到的景物。你可以描述出百分之八九十，因为你已经通过视觉接收到了窗外的信息。但是描述的过程至少要用十几秒钟，因为说话要一个字、一个字地说，看东西却可以一眼就把所有的景物尽收眼底。在阅读的时候默念就像看到窗外的景物后翻译成话语，而不是直接用眼睛去理解。

视觉系统是大脑中最大最重要的部分，学会用眼睛，而不是用耳朵阅读是提高阅读速度的最重要的一步。阅读速度慢的人力求认清每个单词，把每个词念给自己听。这时他是用大脑左前方的听觉记忆部分帮助自己理解和记忆文章的内容，对于中期和长期记忆而言，这样做效率很低。

速读就是一种充分运用视觉感官的高效的阅读方法。它符合人们的思维特征，能节省视力和脑力，而且更有利于理解和记忆。速读改变了人们多年来所形成的传统阅读习惯，取消了把文字信息转化为声音信息的过程，将人们自身就具有的对图像的识别能力运用到文字的阅读中。速读的基本原理就是"眼脑直映"和"一目十行"。所谓"眼脑直映"就是把眼睛看到的图像直接映射到大脑中，然后由大脑解读图像的内容。

速读全面革新大脑和视觉行为的方式，彻底改变从字形→字音→字义的传统阅读习惯，把"逐字阅读"改为"字群阅读"。把"念"的时间节省下来。由于左脑的语言功能和右脑的图像功能得到协调发挥，快速运转，使眼睛吸纳信息的能力大大加强。做到"眼脑直映"，发挥全脑的功能，阅读速度可以提高几倍到十几倍。

速读是在目的性更明确、注意力更集中的情况下，通过科学用眼和科学用脑，进行快速而有效的阅读。速读的要领是要用眼睛读，不要用声音读，把传统的"读书"改为"看书"；在阅读文章时，将所看到文字直接在大脑中唤起意识。

在前面的章节你已经了解了阅读的原理和阅读中的眼动机

制。阅读时人的眼睛处于跳动和停顿的交替过程中，只有在停顿的时候才能形成定影，感知字句，每次定影所感知的文字量愈大，阅读的速度就愈快，眼睛跳动的次数越少，阅读的速度也越快。也就是说，阅读时应该尽量多地摄入文字信息量，每次眼睛停顿的时候不能只感知一个字、一个词，而是要感知整句话或整段文字。

自古以来就有速读，最早可以追溯到汉代的张衡。《后汉书·张衡传》里说："吾虽以览，犹能识之。"《三国志》载：王傑与人同行，一边走一边看路边的碑文，一览便知，看过之后就能背诵下来。《梁书·简文帝纪》载："读书十行俱下。"宋代的刘克庄在《后衬集》的六言诗里有"五更三点待漏，一目十行读书"的句子。

现代速读训练起源于第二次世界大战期间的军事训练。当时美国军方为加强其航空及地面观察员的辨认飞机的能力，特别是在能见度很低的天气下，能对快速行进的飞机作出准确的辨识，将各种飞机的模型以极快的速度掠过屏幕，让观察员识别。接受过这种训练的观察员意外地发现自己的阅读速度和对文章的理解力以及记忆力都有明显的提高。战后美国芝加哥的西北大学视听教育中心在此基础上继续研究，从而产生了速读的雏形。

二战后，随着经济文化的发展，速读逐渐得到了推广。最初，哈佛大学开办了第一期速读训练班。在其带动下，这门新的学科很快茁壮成长起来。现在，美国有专门研究和传授快速阅读的速读学院，可以为学习者授予博士学位。现代化的计算机、多媒体技术在速读训练中的广泛应用使训练的过程更富于趣味性，更加多姿多彩，也更有成效。

有些人对速读有误解，他们认为速读是少数天才具有的特殊才能，通过后天培养是无法获得的。事实上，速读并不是少数人的专利，只要掌握速读的要领和方法，经过一段时间的训练，每个人都有可能练就一目十行、过目不忘的本领。各行各业的人都可以进行速读训练，老师、会计、律师、公务员、文员等都可以从速读训练中获益。速读训练没有年龄限制，只要能读书识字，就可以通过速读训练提高自己的阅读能力。小学四年级以上的学生进行速读训练，效果最佳。

专家指出，一般人阅读能力只发挥了 1/4－1/5 左右。每分钟的阅读速度是三四百字之间，所以潜在的阅读能力还有 3/4－4/5 左右。通过速读的训练就可将阅读潜能充分发挥，使阅读能力提高 5－10 倍，同时记忆力、理解力也大幅提高。很多人参加速读课程之后，阅读速度得到显著提高，而且能保证较高的理解度和记忆力。

速读与理解

速读要建立在理解的基础上才真正有效果，否则阅读速度再快，没有吸收文章传达的信息，就和没有阅读一样。理解是阅读的目的，如果过分强调阅读速度，而忽视了对文章的理解，就本末倒置了。只有速度，没有理解，不是真正的速读。把握好快速阅读与理解效率之间的关系，才能实现速读的效果。

速读会不会妨碍对文章的理解呢？开始用速读方法阅读的时候，大脑不能适应强大的视觉记忆，对文章的理解力会降低，这是正常的。但是经过一段时间的训练，理解力就会恢复到以前的状态。对于熟练者来说，阅读速度不会降低对文章的理解度和记忆度。只要掌握一定的技巧，经过一段时间的练习，在速读的同时还可以提高对文章的理解力。

速读强调的是用眼睛读，一次阅读多个单词，可以增强我们对文字的理解力。一次读到的词组越多，理解力也就越强。因为作者的观点和见解是通过词组、句子和段落，我们只有阅读词组、句子和段落才能理解作者传达的意思，如果把目光集中孤立的单词上，就不能把握整体信息，不利于我们理解文章的内容。

我们在速读训练中，既不能片面地追求高速度，也不能片面地追求理解，而是让速度与理解保持在适当的比例上，使自己获得比较高的阅读效率与效果。平时我们理解知识的时候停下来细嚼慢咽，有时甚至反复阅读。显然，这样会降低阅读速度。要想同时保持很高的理解度和很高的阅读速度是不现实的。

一般来说，我们的速读理解力应该在70%左右。如果低于这个理解度，说明你没有充分理解文章的内容。如果你的理解力保持在99%—100%，说明你过于注重理解，失去了速度，所以也是不正常的。如果你的阅读速度保持在90%以上，还能保持每分钟500字以上的速度，说明你的阅读速度还有很大潜力可以挖掘。因为对于大部分阅读材料，我们没有必要追求100%的理解，阅读报纸或杂志的文章时，我们只需要吸取其中的主要信息，只要抓住实质性的内容就行了。比如，阅读一篇文章时，只要把握其中的关键内容和重要细节，没有必要从头到尾全盘吸收。

虽然在阅读的时候一般都是从头读到尾，但是我们的大脑有选择信息的能力，可以从文章中找到关键词，根据关键词作出判断和推理，分辨出作者的主题思想。这种推断阅读可以极大地压缩文字数量，加快对文章的理解。你可以用一些报纸和杂志上的文章进行阅读训练，培养自己获取文章中的重要信息的能力。这种阅读适用于读文学作品或某些脉络清晰的文章。

进行快速阅读时，阅读者不可能也没有必要逐字逐句地记住读过的所有内容。你只需要根据自己已有的知识和经验对所接收到的信息迅速而有效地解码，掌握整篇文章的意义，形成自己对文章内容的理解和记忆。大脑的这个解码过程可以分为确定主题、寻找关键词、发现精华或问题以及把握细节的过程。

首先，确定阅读材料的主题。读完一篇文章或一本书之后，我们应该明白文章的主题是什么，作者的中心思想是什么。作者写一篇文章总会围绕一个主题和中心来阐述道理，展开论述。如果不能确定文章的主题，说明你没有理解作者的意思。

其次，寻找文章的关键词。把能体现文章主题和段落大意的关键词找出来，并标注出来。只要掌握了文章的关键词，也就掌握了文章的脉络和重点。经过一段时间的训练，你就能快速找到文章的关键词，准确理解文章的意思。

再次，发现文章的精华或问题。文章中的精华和问题是文章的价值所在。我们在阅读的时候都有一定的目的，有人只是为了欣赏，有人为了解决实际问题。如果为了欣赏而阅读，那么发现文章的精华，就实现了阅读的目的。如果为了解决问题而阅读，那么发现了作者解决问题的方法，也就实现了阅读的目的。因此，快速阅读时必须带着观点和问题去看书，这样可以帮助你理解文章内容。

最后，把握文章的重要细节。速读不仅要把握文章的整体结构和主要意思，还要在细节上理解文章的内容。比如，阅读报纸时要了解事情发生的时间、地点和相关人物以及事情的起因、经过和结果等重要细节。这些细节内容对你完整、准确地把握事件的脉络具有重要的意义。抓住这些重要细节，你就能记住事件的整个发展过程。

这四个过程的实质就是"提炼信息"，因此，如何从一篇文章中提炼主要信息是我们在理解的基础上进行快速阅读的关键。在开始的时候可能很难准确抓住重点，但是经过一段时间的练习，你就能得心应手地在理解的基础上进行速读了。

速读可以增强你对文章的理解力。一旦形成快速阅读，为了及时分析进入眼帘的大量的文字信息，大脑的反应速度和思维速度会加快，从而刺激大脑的智力发展。因此，速读的理解绝对比一般阅读好。

但是，如果你读的是一些较之抽象的、艰深晦涩的学术研究的话，建议你不要用速读的方法。因为那些问题需要丰富的知识理论基础和长时间的思考过程，这已经超出了速读的范围。

训练眼力

眼睛看到的信息越多，大脑接收信息和处理信息的速度就越快。相反，如果阅读速度很慢，眼睛就会游移不定，你的注意力会因此而分散，不但会降低阅读速度，还会影响你对文章内容的理解。

一眼能识别的单词越多，阅读速度就越快。早在1830年，心理学家汉密尔顿就做了一个实验，他在地上撒了一把石子儿，发现人们很难在一瞬间同时看到六颗以上的石子儿。如果把石子儿两个、三个或五个组成一堆，人们能同时看到堆数和每堆的数目，从而注意到很多对象。

在阅读的时候眼睛需要相对放松，才能识别更多文字。你乘火车旅行的时候可以做这样一个试验：在火车行进的时候，向窗外望去，眼睛不要被飞逝的景色所吸引，而要固定在一个点上。这时你会发现眼前的景物变得模糊不清，试着把眼睛的注视范围扩大，你会发现你所看到的景物变得清晰，背景依旧模糊。我们在阅读时也有同样的现象，这就是我们在介绍阅读中的眼动时提到的"外周视觉加工"。

现在把手指放在书页的中间，眼睛盯住中间部位不动。这时你能看到什么？你所坐的位置和房间里其他的东西都会进入你的眼帘。这说明外周视觉加工可以帮你识别大量的信息。现在眼睛依旧停留在书页的中间位置，请你识别页边的词句。如果你做不到，可以轻微地动一下眼睛。一般人可以做到两眼识别一行文字，经过训练之后都可以做到一眼识别一行文字，也就是把外周视觉加工的范围扩大到一行。

传统的阅读方法试图辨认文章的单个字词，一次只关注一个单词，结果导致整个段落和整篇文章在大脑中留下的印象是支离破碎的。要想实现快速阅读，就应该扩大外周视觉加工的范围。通过前面章节提到的眼肌训练可以使眼部肌肉运动更加灵活，看三维图片的训练可以扩大我们的视野。当你能够一眼识别一行文字的时候，就能够很快把握每句话的意思。一眼识别的文章内容越多，视觉阅读就越简单。经过训练，你完全可以达到一目多行的阅读能力。

下面是一些乱码，用这些乱码可以训练你的外周视觉加工的能力。请把眼睛的焦点定在乱码中部的"——"上，然后写出两边的信息。需要注意的是不要试图把眼睛从中间移开，就算你想看开头和末尾的信息，也要把目光放在"——"上。

$$Y — M$$
$$8WP — Rh5$$
$$K658f — B3Etv$$
$$9UJ4fcW — OD67a0q$$
$$42t7US51z — KE7R6hFL3$$

开始时看不清开头和末尾的数字或字母是很正常的。因为在经过训练之前，我们的视野范围不开阔，超过一定范围，就会形成视觉盲点。此外，你还会发现，右边能看到更多的内容。这是因为我们习惯了从左向右阅读文章，眼睛也是按照这个顺序运动的。我们期待知道后面的内容，因而右边的视野更开阔一些。

看下面这些单词，把目光集中在中间的单词上，尝试识别所有的单词：

梦想	窗帘	建筑
考试	留恋	也许

凭空	终于	水杯
明天	草原	友谊
蓝色	散步	任何
浪漫	金鱼	从此
偶尔	搜索	参加

这些单词之间没有任何联系，但是相对于上面的乱码来说更容易阅读。在阅读文章的时候，单词之间是相互联系的，共同组成一句话，表达一个意思。同时阅读多个单词就更容易了。请欣赏余光中的《乡愁》，同样把目光集中在中间的部位。

小时候

乡愁是一枚小小的邮票

我在这头，母亲在那头

长大后

乡愁是一张窄窄的船票

我在这头，新娘在那头

后来呵

乡愁是一方矮矮的坟墓

我在外头，母亲呵在里头

而现在

乡愁是一湾浅浅的海峡

我在这头，大陆在那头

舒尔特表是训练眼力的很好的道具，它可以使视神经末梢得到锻炼，达到扩大视野的目的。舒尔特表就是一系列矩阵图，级别较低的是 3×3、4×4、5×5，即 9、16、25 个格子，格子里是打乱的数字或者文字，练习的方式是在最短时间内将数字或文字按照顺序依次挑出。花费时间越短，说明你的反应速度越快，视野越宽广。平均1个字符用1秒钟成绩为优良，即9格用9秒、16格用16秒、25格用25秒。当你为了达到如此简单的目标时，应该把视觉焦点集中在中间的格子上，提高注意力，向周边搜索信息。比如：

2	9	7	16	4
15	18	13	11	22
6	20	5	24	3
10	14	8	19	23
12	1	21	25	17

心理学上用此表来研究和发展心理感知的速度，其中包括视觉定向搜索运动的速度。这个练习可以培养对阅读材料的专注度，可以拓宽视野，加快眼睛运动的速度，还可以提高视觉的稳定性、辨别力和定向搜索能力。

用舒尔特表练习的时间越长，看表所需的时间会越短。随着练习的深入，眼球的末梢视觉能力就会得到增强。经过一段时间的练习，初学者可以有效地拓宽视野，加快阅读节奏，锻炼眼睛快速认读。即使进入提高阶段之后，这种表格也可以训练同时拓展纵横视野的能力，达到一目十行、一目一页的效果。

小练习：

用舒尔特表格训练眼力，从9格开始练习。刚开始时练习时，达不到标准是非常正常的，不要急于求成而使学习热情受挫。感觉熟练或比较轻松达到要求之后，再逐渐增加难度。视野较宽、阅读能力较高的读者，可以从25格开始练习。随着阅读能力的提高，还可以自己制作36格、49格、64格、81格的表。

为了避免反复用相同的表产生记忆，你可以自己动手制作不同难度、不同排序的舒尔特表，规格大致为边长20厘米的正方形，一套制作10张表。除了用数字之外，也可以使用汉字，但是一定要选择自己熟悉的文字。此外，你还可以从网上下载舒尔特表的练习软件。

训练方法如下：

1.眼睛距表30—35厘米，视觉焦点放在表的中心。

2.在所有字符全部清晰入目的前提下，按顺序（1—9，A—I，汉字应先熟悉原文顺序）找全所有字符，注意不要顾此失彼，因找一个字符而对其他字符视而不见。

3.每看完一个表，应该闭目休息一会儿，或做眼保健操。每天看10个表，不要过分疲劳。

4.练习初期不要考虑记忆因素。

一目十行

说到"一目十行""过目不忘"，也许你认为那是不可能的事，或者你会认为那是少数天才具有的本领。其实，一目十行并不神秘，也不是少数人的专利。只要掌握正确的阅读方法，经过训练之后，具备阅读能力的人都有可能做到一目十行。

一目十行类似于走马观花，虽然马走得快，但是花也要看清楚。如果一扫而过，对看过的东西没有任何印象，就达不到阅读的效果。因此不能过于注重速度，而忘记了找出信息。用一目十行的方法查找某些特定内容，最为便捷和有效，它可以用最少的时间和精力快速发现目标。

　　下面是训练一目十行的一般方法：

　　1.静坐，保持深长的呼吸。可以采取佛教的数息法或者瑜伽观想法，目的是让心灵平静下来，使大脑完全清醒。因为一目十行的原理是眼脑直映，即把眼睛看到的东西之间影射到大脑中，这靠的是右脑的思维。开发右脑的最好的办法就是让大脑放松到最原始的状态。除了静坐和呼吸，你还可以使用自我催眠法和全身放松法，使身体达到放松的状态，舒缓紧张的情绪。

　　2.集中精力凝视一个小东西，然后扩大视野。用尺子在书上画出许多竖线，将一行分为若干等分，开始的时候可以把每四个字分为一组。这样可以提醒你不要一个字、一个字地看，而要四个字、四个字地看，不要读出声，也不要默读，不要管是否读懂了，是否记住了。你的任务只是用眼睛看！

　　你还可以在书页的四个角上画四个黑点，用"Z"字形或"N"字形的顺序沿四个点快速看，慢慢地你看东西越来越快。

　　3.眼脑直映，让眼睛变成摄像机。你可以在日常生活中进行训练，用眼睛扫一眼周围的景物，然后马上闭上眼睛，回忆自己刚才看到了什么景象。观看的目标可以是一片草地、一朵花或者路边的广告牌、宣传海报，还可以是人的面容等。看过之后闭上眼睛，让刚才看到的景象在脑海中重现出来。景象越清晰，效果越好。需要注意的是，不要刻意地看，而是不经心地扫一眼。这样可以训练眼睛的反应速度，让眼睛变成摄像机，将所有眼睛看过的东西录下来。经过前面的残像训练，这一步应该可以轻易做到。

你还可以准备一些简单的图形卡片，在心灵平静的状态下，只看这些卡片一眼，立刻闭上眼睛，使脑海中浮现这些图片的影像，然后根据脑海中的影像说出这些图片的每一个细节。在心灵平静的状态下，用眼睛注视一段文字，不要去读，也不要去思考，更不要去记忆。闭上眼睛，使这段文字浮现在脑海中，根据文字在脑海中的影像读出这段文字。

4.扫视练习，也就是浏览和泛读。用手指或笔指着书本上的文字一行一行地往下移，带动眼睛飞快地阅读。不要思考眼睛看到了什么，看完一页后把书盖上，然后回忆书上写了什么内容。开始的时候，可能回忆不起多少内容，但练习时间长了就可以做到70%—80%。如果前面几步得到很好的训练，这一步自然水到渠成。

一目一行阅读能保证较好的理解度之后，逐步加多文字的数量，直到能一目一页文字，过目不忘为止。选一本非本专业的书，一页一页地注视，一页一页地复述。当训练得准确无误时，这个能力你就算掌握了。

一目十行的阅读方法最适合用来查找东西或筛选信息。比如，在进行检视阅读的时候，你想在一本书中找到关于某个问题的精彩段落，经过这种训练的人在两三分钟就能找出来。掌握这种方法之后，你可以在10分钟之内看完一部书，并且能说出大概内容。但是，这种方法显然不适合分析阅读，做研究或需要发掘文章的深层含义的时候，一目十行就没有什么意义了。在阅读文学作品的时候，如果你的目的是欣赏，就请放慢速度仔细品味。

现在在每天有成千上万的信息对我们进行狂轰滥炸，这些信息中有精华，也有糟粕，有我们需要的，也有不需要的。掌握了这一目十行的本领就可以快速了解文章信息，并分辨出文章的价值，以免浪费自己的时间。

小练习：

　　请进行下面的训练：

准备一个阅读器和一盒录音带。阅读器是辅助你阅读的简单工具，可以是手指、筷子、铅笔或钢笔。通过移动它，可以使你的注意力集中在书本的文字上，保证目光不在别的地方游移。录音带是用来计时用的，先录三分钟的静音，然后说"停"或者响铃，然后再次静音三分钟，再次说"停"。这样设定五次，也就是你要练习十五分钟。当然，如果不方便使用录音带，你也可以请朋友或家人帮你计时。

第一个三分钟，每次只读一行。把阅读器放在每行下面，进行快速阅读的同时保持良好的理解度。

听到"停"之后，开始每次读两行，每两行放置阅读器。这时你的目的是找出信息，而不是看清所有的词。

三分钟结束后，开始每次读三行，你的目标仍然是找到足够多的信息，不要试图浏览所有单词。扩大视野，看清书两边的空白部分，匀速移动阅读器。

第四个三分钟，开始一次读四行。这时你应该体验到什么是用眼睛阅读而不是用耳朵阅读，你开始找到一目多行的感觉。

第五个三分钟，开始一次读五行。这时你可以用眼睛扫视一段话的内容，找出其中的关键信息。

最后，返回头来重新一次读一行，以最快的速度阅读，并保证良好的理解力。体会一下现在的阅读与刚开始阅读的不同，你会发现你能够更轻松地一眼识别一行文字，很快把握住文章的关键信息，并享受阅读带给你的乐趣。

逗留与回顾

很多人在阅读的时候有逗留和回顾的现象，有些人还会有跳跃的现象。逗留就是看过一个单词之后，不把目光移向下面的内容，而是停留在原来的地方。回顾是指阅读两三行之后，目光返回到原来的地方重新阅读。跳跃是指在阅读过程中，没有缘由地跳到后文，导致遗漏一些信息。逗留、回顾和跳跃是注意力不集中和对速读没有信心的结果。

逗留和回顾是快速阅读最大的敌人。在速读过程中出现逗留现象，纯粹是浪费时间。因为你的目的是尽快获得信息，而不是进行研究或欣赏。在阅读过程中，如果觉得自己没有理解或没有记住前面的内容，还有回顾前文的现象。通过再读一遍确保自己的理解和记忆正确。

所有速读课程都需要先矫正人们在阅读时的逗留和回顾的毛病。因为绝大部分人自从小学三四年级学会阅读之后，就一直用耳朵阅读。有一个从文字到声音，再到语义的转变过程。人们习惯了这个阅读方式，不是一天两天就能转变过来的。

逗留是传统阅读方式的后遗症，没有受过速读训练的阅读者在阅读一行文字的时候会在五六个地方发生逗留。停顿的次数越多说明每次停顿所看到的信息越少，因为眼睛在移动的时候是无法接收到信息的，只有在停顿的时候才能看到。这样导致阅读者每次只看到两三个字。显然，如果每次停顿的时间过长，会使阅读速度更慢。

要想改掉逗留的毛病就要继续前面两节介绍的训练眼力和一目十行的练习。这个转变需要一个过程，不要急于求成。你可以从一眼看两三个字变为一眼看半行，进而发展到一眼看一行，循序渐进，逐渐练习一目一段，一目一页的本领。

遗憾的是，在开始进行速读训练的时候，很多人适应不了一目一行，一眼吸收较多信息的阅读方式。他们怀疑自己的眼睛，总感觉自己没有看清阅读过的内容，没有充分理解或记住读过的内容，不自觉地返回头去阅读刚刚看过的内容。研究发现这种回顾的现象占了整个眼跳的 10% 左右。由此可知，如果我们尽量减少回顾的次数，就会使阅读速度大大提高。

要想改掉回顾的毛病，首先你要树立一个观念——我们的眼睛和大脑是惊人的工具，它们不需要一次只读一个字或一个句子。传统的阅读方式是大材小用了，用眼脑直映的方式进行速读，你能够在一瞥之间获得一个段落或一页文章的信息。只要眼睛能够接收到这些信息，你的大脑就会对信息进行处理。

除了逗留和回顾之外，有些人阅读的时候还有跳跃的现象，为了加快阅读速度而跳过一些内容。这样会遗漏信息，忘记前面所读的内容，使理解力降低。美国专家做过一项关于阅读时眼部运动的研究，让被试者阅读一篇文章。他们在文本的末尾写上"三百万美元"的字样。在测试过程中，很多人还没读到一半，目光就移到最下面，想弄清"三百万美元"是怎么回事。结果浪费了很多时间，也不能很好地理解文章的内容。速读的目的是快速搜索信息，因此千万不要在了解文章内容之前就跳过。

改掉这个毛病并不难，你只需要使用一个阅读器，手指、铅笔、钢笔、尺子都可以，只要能够随着阅读速度移动就行了。最简单最便宜的工具就是手指了，你可以用食指，或者把食指和中指合并起来进行训练。用手指训练你的眼睛，让目光移动的速度跟上手指的速度。既能保证一眼看到较多的信息，又能避免回顾看过的内容，还能防止自己跳过没有读的内容，真是一举多得。进行训练时，手指移动的速度要比眼睛移动的速度稍微快一点儿，这样可以强迫眼睛跟上手指的速度。只要眼睛跟上手指的速度，就能看到手指划过的文字信息，只要这些文字映入眼帘，大脑就会对它们进行处理。随着训练的增多，逐渐加快手指移动的速度，很快你就会发现自己的阅读速度比以前快了两三倍。

也许你还会怀疑理解的问题，阅读速度那么快，能够理解读过的内容吗？逗留和回顾最大的原因就是阅读者由于注意力不集中，认为自己没有读懂看过的内容，他们不相信自己的眼睛。用手指作为阅读器，不但可以增进阅读的速度，还可以帮助你专注于你所阅读的文本。用手指引导自己的视线的时候，就很难打瞌睡或走神。因此速读在加快阅读速度的同时，还能保证阅读质量。

但是，如果你因此认为速读适用于阅读所有类型的读物，那就错了。因为速读所能保证的理解的程度是有限的。用速读的方法，你只能知道作者在说什么，陈述了哪些事实，要想知道作者为什么这么说以及背后的一些问题，则需要你花时间进行仔细地分析。因此速读方法适合于报纸、杂志以及不需要太多分析和深层理解的书籍和文章。

防止眼疲劳

我们总是对已有的东西视为理所当然，直到失去了才后悔当初没有好好呵护。比如，眼睛对我们来说是多么珍贵，没有眼睛就不能读书、看报、看电视、欣赏风景，一切需要视觉获得的信息都与你无缘，连走路都成问题。但是，当我们拥有健康的眼睛的时候，很少想到眼睛的重要性。尤其是喜欢读书的人，很容易用眼过度，导致视疲劳，直到视力下降，甚至双目失明，才明白眼睛对我们的重要意义。

视疲劳又称眼疲劳，是目前眼科常见的一种疾病，患者的主要症状有不能持久进行阅读、眼及眼眶周围疼痛、视物模糊、眼睛干涩、流泪等，严重者头痛、恶心、眩晕、盗汗、面色苍白、心率慢、颈部肌肉紧张、肩部酸痛等全身症状，并常有精神萎靡、思睡、记忆力减退、失眠等精神症状。

视疲劳患者眼球经常处于紧张状态，由于眼外肌和睫状肌代谢增加，造成代谢废物和氧自由基的增加，进一步导致视疲劳加重。适当使用抗疲劳眼药水可以缓解疲劳症状。由于花青素具有强大的抗氧化作用，可有效缓解视疲劳。目前市面上已出现三类防视疲劳滴眼剂：珍珠＋冰片类、扩瞳类和多种成分复制剂。视疲劳患者应该根据自己的症状有针对性地选用眼药水，对于含有收缩血管作用成分的眼药水不宜长期使用。

另外，单凭滴用视疲劳眼药水就能防治视疲劳的想法是错误的。防治眼疲劳最根本的办法是要纠正一些不良的用眼习惯，比如，长时间阅读不注意休息；阅读姿势不正确；不习惯眨眼睛；不懂得转换焦距等。

快速阅读需要集中精力，眼睛处于高度紧张的状态，很容易感到疲劳。因此每阅读半个小时应该闭目或远眺一分钟，每阅读一个小时应该休息十分钟。搓掌护眼是很好的放松眼部的方法。双掌相对，用力揉搓直到发热，然后把掌心盖在眼睛上。搓热时产生的负离子可以对眼睛起保健的作用，缓解眼睛干涩的感觉。这个动作可以反复多次。需要注意的是，手掌轻轻盖在眼睛上就可以了，不要挤压眼球。

我们阅读的时候眼睛应该距离书本30厘米左右，如果离书本太近，就会容易疲劳，导致近视。此外，还要注意阅读的姿势，有人喜欢躺在床上看书，有人喜欢趴在桌子上看书，这些不良的阅读姿势不但会导致视力下降，而且会对肩颈和脊柱受到影响。正确的姿势应该是端正地坐在椅子上，使身体的重心落在坐骨和靠背的支撑点范围内。看电脑时，显示屏与视线应该保持垂直。

盯着一个东西看，用不了多久你就需要眨眼睛缓解眼睛的干涩，否则视线会变得模糊，眼眶会充满泪水。其实，眨眼是眼睛进行自我保护的一个机能，眨眼的时候可以使眼球获得滋润。很多患有眼部疾病的人都不爱眨眼，因此在阅读的时候应该有意识地眨眼。感到疲劳的时候就闭上眼睛休息片刻。

　　阅读时间长了视野会局限在书本或电脑屏幕上，焦距一直保持在一定的尺度，眼部肌肉会处于紧张的状态。阅读一段时间之后应该转换焦点，站在视野开阔的地点，比如，窗前或户外。把食指放在眼前15厘米的地方，盯住食指，把目光慢慢引向远方。远眺时要背向阳光，尽量向远处看，注意焦距转换不能太快，否则眼部肌肉无法适应，会导致头疼。眼睛适应较大焦距之后，注视远处一分钟，然后用食指把视线慢慢引向眼前15厘米的地方，保持一分钟，反复数次。这个练习每天做两次，可以防治近视并缓解老花眼的发生。

　　相对于阅读书本文字来说，阅读电脑屏幕上的文字更容易视疲劳，因此要注意电脑用眼卫生。电脑上的字号如果太小，或者字体不容易识别，就会导致视疲劳，应该调整成适合阅读的字体和字号。屏幕的背景颜色要与文本的颜色形成对照，如果反差太小就会给阅读带来困难。眼科医生建议使用柔和的淡绿色。

　　此外，看电脑时还要注意外界的光线。自然光并不是最好的，因为自然光不均匀，而且太阳在云层中穿梭的时候，光线的明暗有变化，这会影响屏幕对眼睛的刺激，使阅读变得困难。因此不要把显示器放在窗户前，户外的光线会让你的眼睛感到不舒服，你需要不断变换姿势才能看清屏幕，而且户外的景物会分散你的注意力。

　　坐在电脑前工作，全身活动的只有手指，因此最好每半个小时停下来活动一下身体，放松一下眼睛。

小练习：

护眼七法：

首先做准备动作：上体保持正直，双眼不动，目光平视，两目轻轻闭上，默数 10 个数之后，再缓缓睁开双眼。

第一法：远眺近看

远眺时吸气，近看时呼气（一呼一吸为 1 次，共做 9 次，下同）。

第二法：上看前看

上看时吸气，前看时呼气。上看时头部不动，双眼尽力向上看。

第三法：下看前看

下视时吸气，前看时呼气。下看时头部不动，双眼尽力向下看。

第四法：左看前看

左看时吸气，前看时呼气。左看时头部不动，双眼尽力向左看。

第五法：右看前看

右看时吸气，前看时呼气。右看时头部不动，双眼尽力向右看。

第六法：旋转环视

顺时针方向转动眼球，应尽量沿眼眶边缘旋转，转动速度不要太快，应配合呼吸慢慢转动，共转 9 圈。然后逆时针转 9 圈。

第七法：猛睁轻闭

双眼轻轻闭上，然后突然睁大双眼，保持 4 秒钟，看前方事先选定的目标，然后再轻轻闭上双眼，保持 6 秒钟，睁眼时吸气，闭眼时呼气，一睁一闭为 1 次，共做 9 次。

这七种方法适用各个年龄组，可消除眼肌疲劳，使眼部气血通畅。经过持之以恒的练习，可以收到意想不到的效果。

保护眼睛

你还记得眼保健操怎么做吗？眼保健操并不是学生的专利，阅读量大的人都应该做眼保健操，就像我们都应该锻炼身体一样。

第一节，准备式，闭目入静。全身放松，两眼轻闭，缓解眼部肌肉的紧张。

第二节，按压双眼内眼角的睛明穴。双手食指分别按压两侧的睛明穴，其余手指呈握拳状，每拍按压一次。这样可以预防视线模糊。

第三节，拇指按揉眉梢与外眼角的太阳穴，食指按揉两眉内侧的攒竹穴。第一、二个8拍，双手拇指按揉太阳穴，食指按揉攒竹穴，每拍按揉1次。第三、四个8拍，双手食指弯曲，余指握拳，由眉毛内端向外抹刮，每两拍抹刮1次。需要注意的是，对太阳穴和攒竹穴采取按揉手法，而不是挤压。抹刮眉弓时，采取由内向外的方式进行。这个动作对防治眼病和视力减退有很好的效果。

第四节，用食指按压鼻翼上缘两侧的四白穴；先把左、右食指和中指并拢对齐，分别按压在鼻翼上缘的两侧，然后食指不动，中指和其他手指缩回握成拳状。这时食指所在的凹陷的部位就是四白穴，每拍按压一次。这个动作采用按压手法，而不是按揉手法。按压四白穴可以有效防治眼病。

第五节，捻压耳垂，转动眼球。双手拇指和食指，分别夹住耳垂，每拍捻压一次。同时转动眼球，第一、二个8拍眼球沿逆时针方向转动，其转动顺序为上、左、下、右。第三、四个8拍眼球沿顺时针方向转动，其转动顺序为上、右、下、左。每拍转动一个方向。需要注意的是，对耳垂采取的是捻压手法，而不是挤压或按压手法。转动眼球时，头部不动。耳垂上有两个主治眼病的穴位，捻压这个穴位可以起到明目的效果。转动眼球，可以缓解眼部肌肉的紧张。

第六节，捻压合谷穴，眺望景物。合谷穴位于拇指和食指掌骨间，偏向食指掌骨的凹陷处。第一、二个8拍右手拇指压于左手合谷穴，食指垫于掌面与拇指呈对应位置，每拍揉捻一次。第三、四个8拍，左手拇指捻压右手合谷穴，每拍揉捻一次。与此同时双眼远眺景物。须注意，远眺时应背向阳光，尽量眺望远处目标。揉捻合谷具有醒脑、增强新陈代谢的功能。远眺，可缓解睫状肌的紧张度，使晶状体恢复放松的状态。

注意饮食习惯和营养搭配，补充对眼睛有好处的食物，也是保护眼睛的有效的方法。

维生素 D 是使眼睛恢复活力的重要元素，阳光是产生维生素 D 的主要来源。在早晨或中午的时候，你可以面向太阳闭上眼睛，做一个 5—10 分钟的日光浴。经过温暖的阳光的照射，可以缓解眼睛充血和发痒的感觉；也可以用白炽灯光代替阳光，但是不要睁开眼睛直视日光灯或阳光。

维生素 A 和 β—胡萝卜素是夜视所需要的元素，可以使眼睛适应跳动的荧光、闪光、电脑和电视屏幕。如果缺乏这两种元素，就可能导致夜盲症。橘子和绿色蔬菜可以补充这两种元素。

维生素 C 含有抗坏血酸和生物类黄酮素，有利于眼部物质的循环，缺乏维生素 C 会导致循环不良。富含维生素 C 的食物有柑橘类水果，西红柿和各种瓜果。

维生素 B 对眼睛健康有重要影响，维生素 B_1 保证眼部肌肉的正常运动，维生素 B_2 使眼睛具有适当的光敏感度，维生素 B_{12} 能对抗一些严重的眼部疾病。缺乏这些元素会导致眼睛灼热、怕光，容易疲劳，引起角膜炎，甚至导致青光眼和白内障。富含维生素 B 的食物主要有，鸡蛋、肉、坚果、菜籽、小麦胚芽和啤酒酵母粉。

枸杞子清肝明目的疗效大家早已知道，因为它含有丰富的胡萝卜素，维生素 A、B_1、B_2、C 和钙、铁等，是保证眼睛健康的很好的营养品。决明子具有清肝明目及润肠的功效，能改善眼睛红肿多泪，可以防止视力减弱。菊花茶也具有清肝明目的功效。

此外，瘦肉、禽肉、动物的内脏、鱼虾、奶类、蛋类、豆类等食物含有丰富的蛋白质，而蛋白质又是组成细胞的主要成分，眼睛细胞的修补更新需要不断地补充蛋白质。鱼肝油富含维生素 A 和 D 对保护眼睛有很好的效果。

睡觉是眼睛获得休息的重要途径。睡觉前喝水和睡眠的姿势都会影响你的眼睛状况。睡觉前可以适量喝一点儿水，但是不能喝过多。如果睡前喝过多的水，一方面会导致频繁起夜，影响睡眠质量；另一方面还会引起眼睛明显的浮肿，出现眼袋。另外，晚上也不要喝咖啡和浓茶，因为咖啡和茶会让体内水分迅速挥发，眼睛也会因此变得干涩。

睡眠充足才能保证你的眼睛炯炯有神，否则你会没精打采，两眼无光。睡眠也是消除眼疲劳的最佳方法，不过要注意睡姿，俯卧和侧睡都会促使眼尾出现皱纹，或出现眼肿现象，正确的睡姿应该是仰卧。

　　一双健康的眼睛是进行快速阅读的基本条件。如果眼睛不好，掌握再多的阅读技巧也无济于事。没有健康的眼睛，我们就不能从书本上获得有趣和有益的信息，我们的人生会因此失去太多的光彩。因此我们要明白眼睛是无价之宝，应该用心呵护它们。

第四章

阅读与记忆

记忆的奥秘

为什么应付考试很快记住的知识又会很快忘记?

为什么有些事情过几天就忘了,有些事情却终生难忘?

为什么十几年不见的朋友见面之后能够立刻认出对方并叫出对方的名字?

为什么以前看过的故事,学过的成语,听过的歌曲,在一定情景下就会在头脑中重现?

记忆是人脑对外界输入的信息进行编码、存储和提取的过程,是人脑对经历过的事物的识记、保持和再现的过程。记忆的能力就是在大脑中存储信息,并及时进行反馈的能力。记忆的对象可以是过去感知过的事物、思考过的问题、体验过的情绪与情感、经历过的场景和事件,当然还有很大一部分是阅读过的文本信息。记忆是我们人类心理和生理活动的一个主要特征,无时不在，无处不在。如果没有记忆，就无法从书本上获得知识，也无法和别人进行交流。

　　我们都知道掌管记忆的器官是大脑。人的大脑主要由神经细胞构成，也叫作神经元。每个神经元的边缘又都有若干向外突出的部分，被称作树突和轴突。在轴突的末端有个膨大的突起，叫作突触小体。每个神经元的突触小体跟另一个神经元的树突或轴突接触。这种结构叫作"突触"。神经元通过"突触"跟其他神经元发生联系，并且接受许许多多其他的神经元的信息。神经元传递和接收信息的功能，正是大脑能够记忆信息的生理基础。人脑中大约有 140 亿个神经元，每个神经元上平均有 3 万个突触，这么多的神经元之间的突触联系用天文数字也无法表达。这样就形成了比互联网还要复杂的网络系统，使大脑成为一个庞大的信息储存库。

　　科学研究发现人的记忆的能力从生理上讲是十分惊人的，它可以存贮 10^{15} 比特的信息，相当于 10 亿册书的内容，可是每个人的记忆宝库被挖掘的不到 10%，还有更多的记忆空间没有发挥作用。假设向大脑中每一秒钟输入 10 个信息，这样持续一辈子，也还有余地容纳别的信息。可见，我们大脑的记忆容量是无限的，有很大的记忆潜能。

　　记忆的生成类似于计算机硬盘上数据的形成。根据实验数据推测，神经元细胞体内的化学变化促成了细胞质内电性或是蛋白特征的变化，这种变化导致了传输信号的差异，差异汇集起来，再反映出来，就形成了记忆。

　　德国波恩大学的研究人员经过多年研究发现，大脑能对涌入大脑内的信息进行分类，即分成需要保留的和永远忘记的两类。当接收外界信息刺激时，大脑嗅觉区的神经元就活动起来，然后大脑的另一区——海马区的神经元开始活动。海马区神经元是位于双耳两边大脑侧面脑室壁上的灰白质的隆起物，它在记忆形成中发挥着积极的作用，而且具有调节压力的功能。当这两个区的神经细胞同步活动时，外来的信息就会被记住；如果没有同步活动，外来的信息就会被忘记。当这个信息被大脑记忆后，下一次外界又出现这个信息或这需要这个信息出现时，这个信息就会启动相应的神经元，同时调出旧信息，也就是实现了对这个信息的记忆。

记忆是有选择性的，那些让我们感到恐惧的事件，或者那些在我们的生命中具有重大影响的事件会给我们留下深刻的印象。一直以来，科学界普遍认为人的大脑杏仁核是恐惧记忆建立的神经中枢，而复旦大学神经生物学研究所的科学家们经过一年多的试验研究，使这一传统理论取得了突破性进展。通过对老鼠的大脑进行实验研究，他们发现脑功能的实现是建立在神经元与神经元之间的连接和信息传递的基础上的，而在人脑的前扣带皮层，一种名为 NR2B 的神经元受体在这一过程中起着关键性的作用。如果应用遗传学手段把前扣带皮层神经元的 NR2B 受体的合成降低，或通过药理学手段把前扣带皮层神经元的 NR2B 受体的活性阻断，就会发现神经元之间的信息传递可塑能力显著变差。用于实验的老鼠就不能形成恐惧记忆，它们对曾经遭受过电击的实验环境一点儿也不感到害怕，而正常老鼠则会显得惊恐万状。

世界记忆研究权威斯科威尔教授把记忆分为陈述性记忆和非

陈述性记忆，其中陈述性记忆又可以分为语义记忆和情景记忆。语义记忆的对象是常识性的东西，比如，地球绕着太阳转；情景记忆的对象是指个人经历过的特定的场景，比如，上周参加了一个重要的会议。非陈述性记忆可以分为启动效应的记忆和程序性记忆。启动效应的记忆具有轻易回想起以前一件事的机能；程序性记忆又叫工作记忆，帮我们完成程序性的动作，比如，写字、吃饭。在完成动作之后可以忘记的记忆叫短期记忆，比如，打电话的时候，拨完电话号码之后就把那个电话号码忘记了。短期记忆经过反复复习就会形成长期记忆，比如，对童年时代的一些回忆。对这年龄的增长长期记忆依然会在头脑中保持不变。

　　记忆是连接一个人过去、现在和将来的精神纽带。有了记忆，人才能保持过去的反映，并在过去的反映基础上进行当前的反映。记忆是心理活动的一个发展的过程，它使前后的经验联系起来，使我们能够不断积累经验，扩展经验。否则，如果没有记忆，我们就会像实验中的老鼠一样"好了伤疤，忘了疼"，我们的知识和经验将无法发展，我们的人生也将一片空白。

我们是怎样记忆的

　　从现代的信息论和控制论的观点来看，记忆就是人们把在生活和学习中获得的大量信息进行编码加工，输入并储存于大脑里面，在必要的时候再把有关的储存信息提取出来，应用于实践活动的过程。因此记忆有三个过程：编码过程、贮存过程和提取过程。这三个过程分别表现为对信息的识记、保持和再现。

识记是指识别和记住信息的过程，掌握事物的特点和事物之间的联系。它的生理基础为大脑皮层形成了相应的暂时神经联系。根据目的性，识记可以分为有意识记和无意识记。有意识记是指有明确目的，运用一定的有助于识记的方法，需要意志努力的识记；无意识记是指没有明确目的，无须借助任何有助于识记方法，也不需要意志努力的识记。根据是否理解信息的内容，识记可以分为机械识记和意义识记。机械识记是指只根据材料的外部联系和表现形式，采用简单重复的方式进行的识记；意义识记是指通过理解材料的意义，把握材料内容的识记。

影响识记的因素有材料的性质和数量，学习的目的、情绪和态度以及识记的方法。如果学习的材料比较艰深难懂或者数量比较多，就不容易识记，反之亦然。如果学习的目的明确，学习态度积极，就比较容易识记。要想提高识记的能力还要掌握识记的方法，包括整体识记法，部分识记法和综合识记法。

保持是指人的知识经验在头脑中的贮存和巩固的过程，识记的信息通过中枢神经于神经元之间的暂时联系以痕迹的形式留存在大脑中。对信息的保持不是静止不动的，而是动态变化的，当大脑无法保持信息的时候，就出现了遗忘现象。影响保持的因素有识记材料的性质和作用，识记材料的数量和排列顺序以及学习的程度。材料中的主要内容及显著特征比较容易保持。材料的首尾容易被记住，中间部位容易被遗忘。学习程度要适度，不足或过度都不会有很好的学习效果。

再认是对信息的提取过程，表现为暂时联系的再次活跃。记忆的过程就是通过识记和保持来积累知识经验，通过再现或再认来恢复过去的知识经验。在再认过程中大脑的联想机制发挥着重要的作用。比如，看到银行我们立刻联想到钞票，看到蓝天我们立刻联想到白云。再认常常以联想的形式出现，因此在识记时进行联想可以帮助我们以后再认相关信息。比如，当你认识一个新朋友的时候，如果把他的姓名与容貌、性格、工作、职位等信息联系起来，以后看到他或提起他的工作的时候，就可以记起他的名字。

我们看到的时候就接收到一个刺激，从而再认已经识记并保持在大脑中的相关信息。再认的过程就是我们平时所说的回忆的过程。根据回忆的目的性，可以分为有意回忆和无意回忆。再认的速度和强度主要取决于对识记内容的巩固程度和刺激物与识记中的事物的关联程度。

记忆的三个过程是紧密相连的，没有识记就谈不上保持，没有保持就无法实现再认。识记和保持是再认的前提，再认是对识记和保持的强化和巩固。

从记忆保持的时间角度来看可分为：瞬时记忆、短时记忆、长时记忆。

瞬时记忆是指当客观刺激停止后，感觉信息在一个极短的时间内保存下来，也叫感觉记忆。比如，注视台灯灯丝半分钟，突然拉灭灯，眼前仍出现钨丝的光亮形象。这种记忆的作用是记忆系统在对外界信息进一步加工之前的暂时登记，为进一步加工做准备。

短时记忆是指一分钟之内的记忆，也有人称其为工作记忆。

比如，别人告诉你一个电话号码，你能很快记住它并按照它去拨号，但打过电话之后，再回想那个号码，却想不起来了。当你数一沓钞票时，数到一半的时候如果有人跟你说话，你听他说完之后，你可能记不清数到多少张了。这种记忆是瞬间记忆和长时记忆之间的缓冲器，是一种把瞬时记忆中的信息转换到长时记忆中去的信息加工器。

长时记忆是指存储时间在一分钟以上的记忆，可以是数年甚至终生难忘。我们在阅读文章之后回忆起文章的内容，就属于长时记忆。这种记忆帮助我们长久储存信息。

既然记忆已经在脑中形成并储存，那么人们为什么又会有遗忘的情况发生呢？科学研究表明，记忆信号被储存于神经元细胞里的时候，中枢神经系统和神经元细胞之间会生成暂时的连接，记忆信号被中枢神经系统通过这样的桥联通道被传送、读取。但是，连接不会一直存在，它会随着时间的流逝逐渐减弱直至消失。这种暂时连接在一起的记忆信号就是短期记忆。当连接消失时，中枢神经系统与神经元细胞之间的通道被切断了，大脑也就无法读取这一记忆信号。

这时虽然记忆信号仍旧储存在大脑中的神经元细胞里，但是由于无法读取，这段记忆就成为丧失的记忆。如果在连接消失之前，同样的记忆获得再次读取，连接就能得以加强。多次反复读取同一记忆信号，直至连接变成永久通道，不再随着时间的推移而减弱，这种永久通道联系的记忆信号就是长期记忆。这就是为什么复习会增进理解和记忆的原因。

人类文明发展过程中积累了无数的精神财富，对每个人来说要想把这些内容都变成长期记忆是不现实的。因此为了把有价值的记忆长久保留下来，我们以文字和图像的形式通过纸张、光电、磁介质或全息介质把记忆保存起来。其中书籍和报刊是很重要的形式，我们要想获得这些信息就要通过反复阅读加强记忆。

阅读时的记忆

对读物的记忆情况是检验阅读能力的重要衡量指标之一。阅读记忆就是指对读物内容和形式的识记、保持和再认的过程。

瞬时记忆帮你记住刚刚看过的内容，把前后文的内容联系起来。这种记忆的信息容量不大，一个人没有经过专门训练只能在极短时间内记住 5—7 个信息单位，而且这种记忆很不牢固，精力稍有分散便忘光了。因此，在阅读过程中，如果不能集中精力，就会遗漏信息，导致前后文无法顺畅地理解。

在各个领域取得重大成就的人都很注重阅读中的记忆力，记忆力好的人甚至可以做到过目不忘。这就大大提高了他们的阅读效率，因而他们能够快速吸收到大量信息。无论是在学习知识的时候，还是在生活和工作的过程中，快速高效的阅读和记忆的能力让他们处于不败之地。

值得庆幸的是记忆能力不是天生的，可以通过锻炼得到加强，经过训练大脑就能够以极快的速度大量吸收信息。提高阅读时的记忆力，首先，要明确阅读的目的，培养良好的记忆品质，激发阅读的兴趣。其次，要加强对阅读材料的理解，只有充分理解文章的内容才能更好地记忆。掌握文章内容的内在逻辑结构，语言上的层次、段落。最后，还要及时进行复习，巩固学过的知识。否则，暂时记住的东西，很快就会忘记。

要想保持对文章内容的长期记忆，最好的办法就是充分理解文章的内容，在理解的基础上记忆，就容易多了。有很多方法可以帮助我们长期记住文章的内容。根据阅读材料的不同，你可以选择适合的方法。

1. 做笔记

有些学生觉得自己记忆力不错，拒绝做笔记，结果聪明反被聪明误。俗话说：好记性不如烂笔头。用笔记的形式记录文章的概要和自己的理解以及自己对作者观点的看法，可以帮你更好地理解和记忆文章的内容。在做笔记的时候，你应该积极思考，多多表达自己的想法和见解。你的想法越多，记忆的效果就越好。

2. 找关键词

其实，一篇几千字的文章中，作者所表达的关键信息并不太多。如果找到其中的关键词，就大大降低了记忆的难度。你可以用下划线、点、圈或者颜色等符号把文章中的关键词和关键句子标示出来。一方面可以一目了然地看到文章的关键内容；另一方面还方便以后的复习。需要注意的是，一个段落中只能标出一个关键的句子，一个句子中只能标出几个关键词。否则，当你读完一篇文章的时候，会发现文章中画满了圈圈点点，所有的内容都成了重点和没有重点一样，甚至会让你感到更加难以记忆。

3. 做批注

不少人以一种奇怪的方式爱护书籍，认为不应该在书上乱写乱画。如果你把书籍当作一件装饰品，或者当作古董，这样做可以理解。但是，如果你想从书中学到知识，就应该把书籍当作媒介。不但要在书上标记出关键词，还应该在书籍的页眉页脚和边缘写上批注，表达你对文章的理解，你对作者观点的态度。什么观点是你认同的？什么观点是你否定的？哪些内容是你理解的？哪些内容是你不理解的？这些批注可以加强你对文章内容的理解和记忆，也方便你以后的复习。

4. 提问并回答

在阅读文章之前，你应该先问问自己想了解哪些问题，比如，事件发生的时间、地点和相关人物，事件的起因、经过和结果。在阅读时找到这些问题的答案，把答案写在笔记本上，或者直接在书中标注出来。这样就把文章的关键信息找出来了，对这些信息的记忆也就更加深刻了。需要这些信息的时候，就可以直接在书中找到。

5. 图解

所谓图解就是用关键词和图形的方式描述书中的内容。把书中的内容绘制成图，可以帮助我们理解并记住书中的内容。用关键词和图形可以把书中的主要信息展示出来，用箭头和连线可以把信息之间的逻辑关系一目了然地呈现出来。

首先，把文章的主题写在一张纸的中央，然后从主题引出几个主要的分支，描述文章的主要的论点。其次，从每个主要分支引申出次级分支，描述支持每个主要论点的分论点，再下一级的分支，描述支持每个分论点的论据。最后，借助关键词、图形和符号，你可以把文章中所有的信息都囊括到一张图中，你还可以用颜色或图形表示出其中的重点内容。

6. 做索引

做索引在进行主题阅读时非常有用，它可以帮你对一个主题进行系统地研究。

首先，把 A5 的打印纸做成卡片，从中间对折，左边写上概念，右边写上定义。其次，在阅读的过程中，遇到你所要研究的概念，就把它写在卡片的左边，并写下介绍这个概念的关键词。在右边写下你不熟悉的术语的定义。最后，把这些卡片整理好，放在文件夹相应的科目下。当你阅读同一主题的其他书籍的时候，就把卡片拿出来，把新的信息填写进去，并进行对比。

小练习：

找几篇文章检验自己的记忆力，应用上面提到的六种帮助记忆的方法，看看哪种方法更适合你。

多感官记忆

阅读不仅仅是视觉的事儿，还跟听觉和触觉有关。美国科学家的一项研究证实了阅读障碍症是多感官混乱症，不仅与视觉处理问题和语言处理问题有关，而且是大脑综合处理视觉和听觉信息的结果。因为阅读障碍症患者难以区分快速切换的光源和声音，造成图像混乱的现象。

要想提高阅读的效果，加强对文章的记忆，就应该全身心地投入阅读活动中，调动所有的感官，帮助你感知和吸收书中传达的信息。在阅读过程中调动的感官越多，对文章内容的记忆越深刻。

因此当你希望记住文章的内容的时候，就不要用快速阅读的方法进行阅读，你应该眼看、口说、耳听、手写、脑想，调动所有的感官辅助你对文章的记忆。如果你想了解一个新的事物，用眼睛看只能看见颜色和外形，神经细胞之间只能建立一种联系。如果加上嘴巴说、耳朵听、动手触摸，再加上嗅觉和味觉的作用，利用多种感觉器官与该事物接触，就可获得对该事物的更多的信息。这些信息由大脑进行综合地加工，必然会在大脑中形成更加丰富、深刻而牢固的记忆。以后对这个信息进行再认的时候，由于多种感官之间已经建立起了神经活动联系，对信息进行再认的线索也会更多。

这种方法用之于阅读就是我国自古以来提倡的眼、耳、口、手、心"五到"读书法。尤其是用于学外语，效果非常显著。把眼看、口念、耳听、手写、脑记结合起来，是符合科学原理的记忆方法，可以强化记忆，使文章的内容在大脑中留下深刻印象。

视听结合可以大大提高记忆的效果。你可以同时利用大脑的语言功能和视觉、听觉器官的功能来强化记忆。这样比纯粹的默读效果好得多。用听觉辅助阅读，你可以把读到的内容讲给别人听，把你学到的东西教给别人，或者把你读到的内容编成押韵的诗或故事。用视觉辅助阅读，你要尽量把读到的内容变成图画，把书中的内容想象成电影，激活视觉记忆。

人的大脑分为左脑和右脑两个部分，其中左脑主要起处理语言、逻辑、数学和次序的作用，右脑处理节奏、旋律、图像和幻想。调动视觉和听觉在阅读中的作用，也就是让右脑参与到阅读过程中。在平时学习中，我们往往过分注重左脑的作用而忽视了右脑的作用。科学研究表明：右脑在阅读和记忆中起到非常重要的作用。左右脑的功能协调起来有利于记忆，学习效率将成倍提高！比如，你听一首歌的时候，左脑会处理歌词，右脑会处理旋律，因此能轻而易举地记住歌曲歌词。如果你单纯地去背歌词，则要费劲得多。

把书本上的画面和故事在大脑中想象出来，可以增强记忆的效果。你可以想象书中描写的人物外貌、景色、场景，想象得越真实越细致，记忆的效果就越好。你还可以把故事情节想象成电影，帮助你记住故事发展的过程。显然，同一个故事看过电影的人要比看过小说的人印象更深刻。因为视觉印象比文字印象更容易让人记住。经过一段时间的训练，你的想象能力会加强，想象得越来越清晰，记忆效果也越来越好。

此外，触觉也可以在阅读中发挥作用。有一种记忆方法叫作"看图——动手操作记忆法"，这种记忆法要求我们在阅读的时候用图和符号表示信息，一边阅读这些信息，一边用手指点，帮助你对读到的内容进行分析。如果是用铅笔或小棍指着看，效果更好。这也是多种感官并用法中之一种，尤其是用于文章中有图表和图画的阅读材料。比如，销售表格、地图、电路图、生理图解剖图……养成这种动手操作的习惯之后，对图画信息的记忆能力会大大增强。这是因为将视觉与动觉结合起来，既提高了注意的集中程度，又使视觉和动觉之间建立起了神经活动联系。以后在回忆时，多重联系比单一的联系更容易恢复起来，记忆效果也更好。

研究发现，一旦大脑接受某种刺激信息之后，就开始记忆，而且如果刺激信息越是能引起情绪波动，就会记得越牢。西方古舰船上训练见习水兵的时候，为了让他们记住各种帆具和套具的复杂名称，教官一只手里握着鞭子，一只手指着某件套具，在说出它的名称同时，用鞭子抽打一下见习水兵的背，好让他记得更牢。在这种强烈的刺激下，水兵很难忘记教官所教的内容。我国旧社会戏班子培养人才也是用类似的方法。这种方法证明触觉的刺激和情绪的刺激可以强化记忆，但是这种方法会造成人身伤害，并不适于推广。我们可以根据这个原理加强记忆，你在阅读的时候可以仔细体验周围的环境，比如，当时的天气、茶水的清香、室内的温度等。这些体验可以帮助你加深对阅读内容的印象。

总之，在阅读的时候，如果你能够全身心地投入到阅读材料中，你对文章的记忆就会大大加强。

小练习：

1. 用"五到"阅读法背诵三篇优美的散文或诗歌。

2. 训练想象力，借助视觉效果帮助自己记忆文章的内容。

3. 用"看图——动手操作记忆法"掌握图表信息。

为什么会忘记

最让我们感到苦恼的是好不容易记住的东西，如果不及时复习很快就会忘记。你可能也经历过话到嘴边却怎么也想不起来的情况，明明知道自己以前曾经看到过一些信息，但就是想不起来。如果这种遗忘现象发生在平时还好些，但是如果在重大考试或其他重要场合忘记了关键信息，就会给你造成重大损失。

所谓遗忘就是我们对于曾经记忆过的东西不能再认，也不能回忆起来，或者是错误的再认和错误的回忆。遗忘是怎样发生的呢？遗忘有没有规律呢？输入大脑的信息在经过专注的学习后，便成为人的短期的记忆，如果不经过及时的复习，这些记住的东西就会被遗忘。如果能够及时复习，这些短期记忆就会转变为长期记忆，很长时间内不会被遗忘。

德国心理学家艾宾浩斯 (H.Ebbinghaus) 把自己作为测试对象，做了一系列实验。他选用了一些根本没有意义的音节，也就是那些不能拼出单词来的众多字母的组合，比如 asww，cfhhj，ijikmb，rfyjbc 等。然后测试自己对这些字母组合的记忆。经过研究，他发现遗忘在学习之后立即开始，而且遗忘是进程并不是均匀的，但是遵循一定的规律，最初遗忘速度很快，以后逐渐缓慢。他认为"记忆和遗忘是时间的函数"，并根据他的实验结果绘成描述遗忘进程的曲线，这就是著名的艾宾浩斯记忆遗忘曲线。

记忆的数量（百分数）

天数

这个记忆遗忘曲线显示人的遗忘过程在最初阶段速度非常快，然后随着时间的推移，遗忘的速度逐渐减慢，遗忘的数量也逐渐减少，到一定阶段之后，就不再遗忘。遗忘过程有两个高峰，第一个是接触信息后一分钟，大部分短期记忆在这个时间内将被遗忘；第二个是接触信息后二十四小时，大部分长期记忆经过一天的时间之后，如果没有及时复习就被遗忘了。

因此，保持长期记忆的秘诀就是——在忘记之前及时复习，加深对信息的印象。复习时自己对这些内容并没有完全忘记，所以这并不需花费太多的时间。复习学过的内容在巩固信息的同时，可以把短期记忆变为长期记忆。及时复习对加强记忆可以起到事半功倍的效果。因此，学完生词或背诵完课文之后，应该在二十四小时之内复习一遍，一天之后再复习一遍。

除了时间的因素，还有另外一些导致遗忘的原因，比如，注意力缺失、阅读干扰和缺乏兴趣。

注意力的缺失会使记忆力下降，注意力是记忆的第一要素。当你全神贯注地做一件事的时候，你的效率会非常高。你把所有的精力都放在你关注的信息上，忘记了其他的一切，因此你能把信息牢牢地记住。相反，如果你三心二意，一边阅读一边走神，就无法记住你所阅读的信息。在后面的章节我们会专门介绍如何提高专注度。

阅读干扰是指其他信息的侵入扰乱你对当前信息的关注，影响记忆的质量。干扰包括先行性干扰和后行性干扰。先行性干扰是指旧的信息干扰了你正在关注的信息，后行性干扰是指新的信息侵入，干扰了你正在关注的信息。克服干扰的最好的办法就是把不同的事件分开，在一定时间内只关注一个信息，给大脑区分新旧信息的时间。

如果你对所读的内容缺乏兴趣，那么你基本上就不可能记住所读的信息。如果你对阅读的内容兴趣盎然，就可以轻松地记住信息的内容。因此，记忆之前要培养对阅读材料的兴趣，明确阅读的目标。有了目标，就有了动力，自然也就产生了兴趣。疲劳是缺乏兴趣的一个原因，任何一件事如果让你感到疲劳，都会使你失去兴趣。因此阅读的时候要注意劳逸结合，每一个小时休息十分钟，保证记忆的质量。

此外，记忆和理解效果有关，对阅读材料理解得越好，回忆起来就越轻松，遗忘速度也就越慢。如果你没有充分理解读物的内容，很快就会忘记。

一项关于神经系统的研究通过记录人脑的视觉图像发现遗忘也有益处，忘记是为了记住更多新的内容。研究表明，大脑为了回忆更新更重要的事，通过遗忘某些记忆来减少大脑的负荷。当人们试图记住某一特定信息的时候，比如，一个电话号码或者一个地址时，就会积极地抑制其他记忆来促进精力集中。

研究者对 20 位男女学生的记忆能力进行研究，让他们快速浏览 240 个单词，其中包括 40 个大写的词组。研究者又要求这些学生记住其中三个特定的词组，这迫使他们要忘掉从前看过的那些词组，才可能更好地记忆那三个特定的词组。研究者对这些学生的记忆过程进行分析之后发现，大脑处理记忆问题时，总会把某些记忆搁置，把精力集中在记忆特定信息上。大脑把旧的东西阻断得越好，越可以记住新的东西。这表明大脑在一定时间内的记忆容量是有限的，想要更好地记忆，就要削弱某些记忆。

　　总之，遗忘是一种正常现象，完全没有必要因为自己总是忘记学过的东西而自惭形秽。只要掌握遗忘的规律，制订好复习计划，及时复习学过的东西，就能把短期记忆变为长期记忆，避免出现遗忘的现象。

铸造美好园丁

第二辑

阅读的步骤与训练

阅读的准备

在阅读过程中，你有没有过读不下去的经验？或者由于找不到自己需要的信息而感到灰心丧气？或者由于想东想西而不能把注意力集中在书本上？或者由于对书本的内容感到陌生而理不清头绪？这些都是因为没有做好的阅读之前的准备导致的。

阅读之前，首先要明确阅读的目标。不管是别人要求你阅读，还是你自己主动阅读，都要明白自己阅读的目标是什么，是为了学到知识，还是为了做研究，或者是仅仅为了消遣？不管目标是什么，至少应该确定一个目标。如果没有目标，就会像没头的苍蝇一样到处乱撞，抓不住重点，自然不会有太多的收获。明确了阅读目标，就可以以最快的速度找到你需要的信息。

注意力不集中与阅读的心态和周围的环境的状况密切相关。在心绪不宁、烦躁郁闷的时候，你可以选择一些轻松的散文或小说来消遣，但是不要做大量的消耗脑筋分析性阅读。在思想状态不佳的情况下，很难投入进去。需要太多理解和记忆的文章只会让你更加烦闷。在嘈杂的环境中，最好也不要试图进行大量阅读，除非你想挑战自己的专注力。别人的活动会分散你的注意力，打乱你的思绪。因此，在准备阅读之前，应该找一个安静舒适的环境，比如，图书馆或者自己的书房。在这种适合读书的环境，你可以把全部精力集中在书本上，不用担心被外界事物打扰。

如果你对将要阅读的内容知之甚少，你就会感到紧张，不知从何处下手。为了避免这种紧张感，在阅读之前，你应该对将要阅读的内容进行初步地了解。阅读材料可能会涉及天文地理、历史人物、环境保护、自然灾害、工作生活、文学艺术、科学技术、体育卫生、人权、政治、经济各个领域。文章的体裁有记叙、书信、日记、小品、戏剧、传记、诗歌、说明文等。在阅读准备阶段应该根据阅读材料的不同内容和不同体裁，适当地查阅一些与文章有关的背景知识，帮助了解阅读材料的内容。这样可以大大激发你对材料的兴趣，明显提高阅读的效果。

找到与阅读主题相关的信息之后，把那些内容与自己已有的知识联系起来，这样会使你的阅读更加顺畅。你可以把读物的内容与自己已有的知识进行比较，找到它们之间的联系，这样可以帮助你更好地理解文章的内容。因此，在阅读之前，看到文章或书籍的篇名，就要花时间想一想自己大脑中已有的与这个主题相关的知识。最好在纸上写出你想到的关于这个主题的关键词，然后根据这些关键词明确自己想从书中获得的内容，可以是某个特定问题的答案，也可以是关于主题各个方面的笼统的信息。

如果阅读的内容对你来说是完全陌生的，那么你可以采用提问的方式帮助自己集中精力，克服困难，实现阅读的目标。当你准备阅读全新的内容的时候，首先要弄明白自己要看的是什么，准备从中了解哪些信息，或者能够学到什么东西。

　　拿到阅读材料之后，先问自己三个问题：

　　1. 这篇文章是关于什么的？

　　2. 关于这个主题，我已经知道了什么？

　　3. 我还需要从这篇文章中了解什么？

　　这三个问题可以帮你明确了阅读的目标，同时建立了一个阅读框架。如果你无法在阅读材料和已有知识之间建立联系，那么你就会有很多不了解的问题和不清楚的地方，自然会提出问题。

　　如果你对这个主题一无所知，就条理清楚地提出你想知道的问题。提出问题是进行阅读之前非常重要的准备阶段。对你想了解的各种信息都要提出问题，比如，一件事发生的时间、地点、人物，事件的起因、经过、结果。带着这些问题进行阅读，阅读的目的就会更加明确，你的阅读就会更有收获。不要担心自己提的问题太简单，只要是你不明白的，只要是你想了解的，就要提出来。你提的问题越多，你知道的就会越多，阅读带给你的收获就会越大。有些问题可能在文章中找不到答案，但是没有关系，即使找不到答案也比不提问要好。提问是主动阅读的表现，通过提问你就能更加积极地投入到阅读活动中。

　　要想进入阅读状态首先要集中精力，提出问题有助于你把精力集中在自己要解决的问题上。当你积极主动地搜索问题的答案的时候，就很难被外界的事物分心了。

做好阅读准备工作，你就能全身心地投入到阅读活动中，从而取得最大的收获。

小练习：

在阅读一本书或一篇文章之前，先弄清阅读材料是关于哪方面的内容。

1.找三篇自己了解的文章，根据题目列出自己已知信息的关键词，问问自己还想从中了解哪些内容。

2.找三篇自己不了解的文章，列出自己想要知道的相关问题，带着这些问题进行阅读。

全文预览

大多数阅读者拿到一本书或其他阅读材料之后，立刻从第一字开始往下读。他们没有预览全文的习惯，不想了解文章的整体情况。这种习惯是在学校形成的，我们学一篇文章的时候都是机械地从头读到尾。毕业后这个习惯延续下来，每当阅读的时候都会顽固地按部就班地从头读到尾。结果很多时候，读到一半才发现那篇文章不是我们要找的内容。这种习惯非常顽固，以至于有些人明明知道预览全文的好处，却仍旧不看索引和目录就逐字逐句地阅读。

由于不了解下面要读的内容，阅读速度会很慢；由于不了解文章的主题思想和整体结构，阅读者很难理解文章的意思，虽然盯着书本，但是完全不知道书上讲的什么，还是囫囵吞枣地往下读；由于不能从整体上把握阅读材料，阅读者很容易分散注意力。相反，如果在正式阅读之前预览全文，大概了解一下文章讲什么内容，就能进行快速阅读，而且能够理解文章的内容，提纲挈领，全神贯注地阅读。

其实，我们平时在阅读报纸、杂志的时候，已经不自觉地应用了全文预览。比如，在买杂志或图书之前，我们会浏览一下目录和里面的内容，如果对里面的内容没兴趣就不会买。在看报纸的时候，我们一定会先浏览标题，从标题中获得新闻事件的主要信息。标题使你对新闻有了基本的了解，在此基础上仔细阅读，你就能轻松掌握文章的意思。

全文预览是高效阅读的第一个步骤，在正式阅读之前，应该通览全文以获得对文章的整体的了解。预览就像在空中鸟瞰地上的风景一样，你可以掌握大概的轮廓，对你阅读的读物形成一个整体的印象。预览又像拼图游戏一样，了解了全图的样子，你就能做到心中有数。把握了文章的重要思想，就能顺利地理解文章的每个部分的内容，通过预览全文，你可以获得很多信息，比如，文章的主题、概要、结论、段落结构等。这些信息可以引导你思考某些特定的内容，让你为正式阅读做好准备。

全文预览类似于运动员在进行大量运动之前的热身，通过了解文章的大意和脉络结构，可以使神经进入紧张兴奋的状态，把注意力从日常事务转移到阅读材料上。预览全文之后，你就知道了各部分的联系以及你需要从文章中得到的信息，正式阅读的时候对文章的理解就轻松多了。

预览全文首先要了解文章的基本信息，比如，文章的体裁是小说、散文，还是论文、报告？文章的题材是有关爱情、生活、文化的，还是有关历史、政治、经济的？作者是谁？以前有哪些著作？在文章中提出了哪些观点？作者提出了哪些材料论证自己的观点？文章的段落结构是怎样的？文章中有插图和图表吗？如果你阅读的文章符合自己的阅读爱好，那么比较容易回答这些问题。但是，如果你不了解自己手中的阅读材料，就要从这些方面入手对文章进行整体的了解。

要想了解文章的基本信息，需要注意以下内容：

文章或书籍的题目，标题是对文章内容的高度浓缩；作者简介，了解作者的背景可以帮助我们理解作者的主要思想；文后广告语，出版社或其他名人对作品的评价和推荐；前言、序言和简介，介绍书籍的写作和出版过程，书籍的主要内容、作者的主要观点和影响；目录和索引，通过目录你可以了解文章的结构和章节的主要内容，通过索引你可以快速查到书籍主题的详细信息；图表、图画和表格是文章内容的注解，往往能够传递重要信息，预览时应该大略地浏览它们，但是不用花费太多时间；术语表，泛泛地浏览，发现你不了解的，当你需要很快确定术语含义的时候就能很快找到它；参考书目，通过了解参考书目，你就能进一步了解书中的主要内容。

了解文章的基本信息之后，就要问问自己：可以从这些信息中获得什么？可以了解一些事实和一些观念，还是能明白一些道理？书中的信息对你有用吗？需要记住吗？需要花费时间研究吗？如果书中的信息对你来说没有用处，那么你就没有必要阅读。

此外，还要问问自己：阅读文章的动机是什么？你希望从书中获取什么内容？明确阅读文章的动机之后，就可以省略你不需要的内容，重点阅读你想要了解的内容。如果书中没有包括你需要的信息，就没有必要浪费时间进行阅读。很多人在没有明确阅读动机的情况下进行阅读，读到一半发现文章内容不是自己需要的，又不忍心中途放弃，结果只会浪费时间和精力。因此在阅读之前先要明确自己的动机和目的，这样在阅读结束之后才会有成就感。

　　了解文章的基本信息，知道自己可以从文章获得什么，明确自己的阅读动机之后，你就为正式阅读做好了充分的准备工作。这三方面也正是进行全文预览的目的。做好这三方面你就能进入阅读状态，专注于文章，实现高效阅读。

──────

小练习：

　　选三本书进行全文预览练习，你可以选择三本不同类型的书，一本自己熟悉的，一本不了解的，一本大众题材的。预览完一本300页的书，一般需要10分钟左右的时间。

　　分别对这三本书进行预览，然后回答下面三个问题：

　　1.你了解了哪些基本信息？

　　2.你可以从本书获得什么？

　　3.你阅读本书的动机是什么？

熟悉语言与条理

对全文进行预览时，要注意了解文章的语言特点和条理结构。

每一本书都有自己的语言特点，有的语言明白通畅，简洁易懂；有的语言形象生动，情理和谐；有的语言凝练含蓄，意境深广；有的语言逻辑严谨，理论性强。熟悉语言特点可以帮助我们更好地接受作者传达的信息。作者使用的语言是术语还是非术语？作者遣词造句艰涩难懂，还是通俗易懂？作者的语言风格比较大众化，还是有明显的自己的风格？

熟悉文章的语言特点是分析、鉴赏、理解文章的基础。无论是体会文章深刻的思想感情，还是理解文章所传达的观念和见解，或者是赏析其艺术表现手法，都与语言特点密切相关。特别是散文的语言风格很多。优秀的散文语言都能做到精练准确、朴素自然、清新明快、亲切感人。

语言特点与作家的性格特点有关，不同作家有不同语言风格特点，有的粗犷，有的细腻，有的豪放，有的婉约。传说苏轼曾问一个善于唱歌的幕僚："我词何如柳七（柳永）？"这个人回答："柳郎中词，只合十七八女郎，执红牙板，歌'杨柳岸晓风残月'。学士词，须关西大汉，铜琵琶铁绰板，唱'大江东去'。"可见只有仔细玩味，才能体会到语言之美，才能深切地体验到作者所传达的情感和思想。

每个作者在写作的时候都有自己的思路，所谓思路就是按照一定的条理来表达思想情感的路径，体现在文章中就是条理结构。

这个条理结构实际就是一个连贯的思路的反映，围绕一个中心点，由此及彼、由表及里、由浅入深，从一个方面到更多方面，把要表达的思想内容组成一个严密的整体，就是我们最后看到的文章整体轮廓。

写作的思路是结构安排的依据，文章的结构安排是由思路决定的。文章结构是指对材料的组织和安排的方法，它是思路外在形式的表现。作者对事物内部联系的认识，思维的发展都要通过结构、层次和段落传达出来。因此可见，文章的结构体现了文章的思路，文章的思路是靠文章的结构体现出来的。如果能够正确地分析文章的结构，也就能准确地把握文章的思路了。

上学的时候，老师会指导我们如何划分文章的段落结构，这是进行阅读活动的基本功。所谓划分段落就是按照一定的标准，对文章内容进行归类合并。比如，记叙文体，可根据人或事的不同，根据时间、空间的变换来划分；议论文体，可以根据不同的论点来划分，理清行文思路，并分析其内在逻辑关系，然后按照常见的论证结构（并列、对照、总分、层进）进一步划分；说明文体，紧扣说明对象，根据其特定的说明顺序，或按时间、空间，或按事物自身的构成，或按事件发展顺序来划分。

段落的结构形式大体上有两种：一是纵向结构，一是横向结构。纵向结构是指段落之间有递进的关系，层层深入，逐渐得出结论，比如，推理式的文章。纵向结构有时表现为时间顺序，你可以关注表示时间的关键词，比如，"首先""然后""接着""最后"等。横向结构是指段落之间是并列的关系，几个段落分别讲述问题的不同方面，共同论证同一个观点和主题。你可以关注表示不同方面的关键词，比如，"第一""第二""第三"等。弄清楚文章的结构层次，作者的写作思路也就清楚了，理解起文章的内容来也就更容易了。

当你明确自己要找什么东西的时候，你就能很快找到它。这就像舒尔特表训练一样，你可以按照自己熟悉的顺序快速找到那些数字或文字信息。当你知道自己需要的是什么信息之后，就会格外关注能令自己感兴趣的词语和段落。除了上面提到的表示层次的关键词之外，还应该关注表示转折的关键词。有时文章里会对两种观点进行对比，把握这样的结构就要找出类似"但是""从另一个角度来看""相反的观点认为"这样的词语。

文意中有一些重要的句子，是我们划分层次的标准和参考，比如，总起句、过渡句、总结句以及文中反复出现的句字，往往能体现文章思路，为我们划分文章结构提供了重要参考。在划分意义段时，常常遇到一些位于结合部位的自然段，既可归入前面，又可归入后边。这种段落多是承前启后的过渡段。在这种情况下，应看它的内容侧重于哪一个方面。侧重于前，则归附于前；侧重于后，则归附于后。

文章层次虽是形式方面的问题，但形式是内容的外在表现，因此划分段落时必须以对内容的把握为前提。同时文章的具体结构是复杂多样的，在分析时不能死搬硬套，削足适履。如果把所有文章都划分为开头、中间和结尾三部分就过于形式化了，有时对我们理解文章并没有什么作用。

<u>　　　　</u>

小练习：

在报纸或杂志上找出几篇不同体裁的文章，分析它们的语言特点和段落结构。用"//"把段落层次划分出来，从总体上把握作者写作的思路。

寻找中心思想

文章的中心思想就是文章的主题，中心思想体现了作者写作的意图和目的。中心思想是通过文章的字词、句子、段落以及文章的结构形式表达出来的。找到文章的中心思想，才能更好地理解文章的内容，从而实现阅读的目的。

要想找到中心思想首先要清楚中心思想可能出现的位置，虽然很多文章的中心思想是开门见山地提出来的，但是也有不少中心思想出现在文章的中间和结尾部分。议论性的文章，中心思想通常出现在文章的开头或段落的第一句话；娱乐性的文章，中心思想通常出现在文章的结尾，就像笑话和短篇小说的点睛之笔通常是最后一句话；劝说性的文章的中心思想一般出现在文章的中间段落，因为如果在开头或结尾出现说教性的语言会使读者产生逆反心理。

我们要归纳中心思想，首先必须浏览全文，了解文章的主要内容，根据段落大意或课文的中心句来概括总结，也可以从文章的题目入手推测文章要表达的中心思想。因为有些文章的题目就直接点明了中心，比如，《伟大的友谊》这篇文章的中心思想就是歌颂了马克思和恩格斯的伟大的革命友谊。此外，还可以从文章的开头、结尾和议论部分得到启示，分析文章的中心思想。

通过上一节的学习，你已经掌握了文章的层次和结构。文章的所有层次和段落共同表达一个主题，就是文章的中心思想。每个层次表达一个分论点，或者是论述文章主题的论据。将文章的各个段落归纳成不同的层次，就能从中引导出文章的中心思想。这样文章的结构和作者的写作意图就合二为一了，这是一个分析和综合的过程。

分析课文的重点段落，也是找出文章的中心思想的一个方法。中心思想是作者对事件的判断和态度，是一种知识的声明。作者通过事件、事实和知识表达自己的想法，也就是文章的中心思想。有时作者会通过一个重点段落透露自己的写作意图和目的，集中阐述自己的观点和看法，找到重点段落也就找到了文章的中心思想。

要想找到中心思想，还要学会寻找中心句。所谓中心句就是体现中心思想的句子，一篇文章中真正关键的句子往往只有几句话。中心句可能出现在文章的开头和结尾，段落的开头和结尾。如果一句话，在文章中反复出现，那么它也很可能是中心句。作者反复借用这句话表达自己的思想。

总之，你需要掌握文章的结构和层次、关键段落、关键句子和关键词。在浏览的时候，你可以用下划线、画圈的方式标记重点。这样可以帮你把握中心思想，明确什么是自己需要阅读的东西。

归纳中心思想的主要步骤如下：先概括出课文的主要内容，

再想一想作者为什么要写这些内容，然后领会写作目的和意图，也就是明确文章的中心思想。

下面是各类文章表达中心思想的一般句式，可供你参考。

1. 写人、记事类的文章的中心思想一般可以概括为：

本文记叙了……表达了（赞颂了）……精神（品质）。

2. 写景、状物类的文章的中心思想一般可以概括为：

本文描写了……抒发了（表达了）……思想感情。

3. 说明文的中心思想一般可以概括为：

本文通过……说明了（介绍了）……知识（景观）。

4. 寓言、童话类文章的中心思想一般可以概括为：

本文通过……故事，说明（告诉）了我们……道理。

找到中心思想之后，还要对中心思想进行一番审视，看看作者说的是否有道理。如果你是对文章的主题感兴趣，而不是对作者本身感兴趣，那么除了要了解作者的中心思想之外，还要明白作者提出这些观点的理论和事实依据是什么。因为如果没有理论的支持，作者的中心思想只是抒发自己的个人感想罢了。阅读者应该有自己的思想和见解，不应该毫无理由地接受作者的观点和感想。

有些关键词是用来表示论述过程的，在阅读过程中应该注意。比如，"因为"如此，"所以"那样；"如果"出现那种情况，"那么"就会有这种结果。找到得出结论的论据和理由，你就能知道这个结论是否站得住脚。因为如果前提是虚假的，就不能证明结论是真实的。

通过一篇文章，我们很难说出作者表达出了什么思想，因为仁者见仁，智者见智。因为，语言并不是像科学一样非常严谨的表述思想的工具。有时一个字可以代表多个意思，多个字也可以代表同一个意思，文字与意思之间并不是一对一的关系。有时作者只是在提出疑问，他们自己也不确定问题的答案。有时作者只是表达企图和希望，他们并不肯定将来会怎么样。有时你可能同意作者的一个观点，但是不同意作者的另一个观点。因此，在寻找中心思想的时候，要尽量谨慎，避免误解作者的意思。

小练习：

仔细阅读下面的这篇短文，试着找出文章的中心思想。

绿色的生命从你这里开始：春日的生机，夏日的繁茂，从你这里开始；金秋的丰硕从你这里开始。

当寒风蹂躏大地的时候，当冰天雪地的时候，没有花红柳绿，没有硕果挂枝头，一切都显得那么冷寂，但你却将生命的力，深埋在土里，悄悄地积聚。你坚信有朝一日，新的生命就会破土而出……你在泥土中不断地、默默地吮吸养分，把精华无私地贡献给禾苗、花草和绿树。你只有奉献，没有索取。

我赞美你，根！

找到自己想要的知识

在阅读时，思考你为什么要读这本书，你希望从中得到哪些知识。这样可以大大提高阅读的效率。明确自己想要获得的知识，就像你在旅行的时候带上一张地图一样，可以指引你以最快的速度到达目的地。如果你去一个陌生的地方不带地图，就会走很多弯路，浪费很多时间。

通过阅读的准备、全文预览、熟悉文章的语言特点和段落结构、找到文章的中心思想，相当于你给自己将要阅读的内容绘制了一张地图。你已经对自己将要阅读的文章有了初步的了解。这时只要你知道阅读的目的是什么，都有哪些路径可以实现目标，你就能够轻松地有效地完成阅读工作。因此，你应该通过前面几个步骤明确手中的读物是关于什么主题的，能给你提供哪些知识。再问一问自己已经对哪些问题有所了解？还需知道哪些信息？这样你就可以进行选择性地阅读，知道哪些信息需要捕捉，哪些信息可以忽略，从而专注于自己需要的信息。

在进入第五个步骤的阅读之前，首先要总结一下前面四个步骤阅读的成果，对前面的阅读进行分析，比如，你对文章的感觉和你的收获。你可以问一问自己下面这些问题：

1. 文章中的专业术语、作者的遣词造句和段落之间的逻辑结构让你感到难以理解吗？

2. 你能清楚地把握作者的观点吗？

3. 你对作者的观点的态度是赞同还是反对？

4. 阅读之前和阅读之后，你对这个主题的态度是否发生变化了？

5. 阅读之前和阅读之后，你对这个主题是否更加感兴趣了？

这些问题可以强化你对文章的理解，还可以让你冷静地思考一下，自己的态度和兴趣是否受到了作者的影响。如果你对问题的态度受到作者影响发生改变，那么你需要搜索作者提出自己观点的证据和理由，检验作者的观点是否真的正确。读书就像淘金，要想找到有价值的东西不是轻而易举的。有时那些信息不是作者关心的主要问题，有时作者对那些问题的论述并没有充足可靠的证据，你还需要从其他地方寻找相关的内容来检验作者的观点。

如果文章中某些章节引起你的兴趣，那么你就要在这些章节上标上重点符号，因为这些往往是你需要特别关注的章节。如果你发现自己丧失了对文章的兴趣，那么就要重新审视文章的内容是否能满足自己的需要，重新确立阅读的目标。因为当阅读兴趣缺失的时候，阅读动力就会减弱，注意力就会分散，很难实现阅读的目标。

经过前面四个步骤以及对前面阅读成果的分析，你对文章已有比较深刻的了解，而且明确地知道自己想要找什么资料，下面就可以开始筛选你需要的内容了。现在，你可以从中筛选出你真正需要阅读的章节。这种筛选的能力在主题阅读中非常重要，可以帮你抓住重点，节省时间。一本书中属于你真正需要的内容并不会很多。有时你甚至会发现书中的内容并不能满足你的需要，这样的读物就没有必要花费时间和精力进行阅读，除非你只是为了打发时间。

要想找到自己想要的知识，首先，要从目录和索引着手。通过浏览你已经对目录下面的详细内容有所了解，其次，浏览目录的时候，你就知道每一章节下面的内容是否符合自己需要。最后，挑出那些章节进行重点阅读。

筛选出你需要的内容，也就完成了你在准备阶段定下的阅读目标。还记得在阅读准备阶段，你曾给自己提出的三个问题吗?

1. 这篇文章是关于什么的?

2. 关于这个主题,我已经知道了什么?

3. 我还需要从这篇文章中了解什么?

认真阅读筛选出来的章节之后,把自己得到的知识用大纲或笔记的方式记录下来,然后对照前面三个问题的答案,看看自己是否已经找到了所需要的信息。如果找到了,就可以停止阅读了。如果没有找到,那么在预览全文之后,应该重新问自己这三个问题。

这个步骤所花费的时间,取决于你所需要的内容的多少以及你想知道的内容与文章内容的吻合程度。不要盲目地从头读到尾,要根据你所需要的内容决定只阅读文章中的某些章节、某些段落,还是阅读整本书,以免浪费时间。

只有找到自己想要的知识,才能使一本书真正属于你自己。书籍不是装饰品和古董,购买之后并不说明你已经真正拥有它了。书籍更像食物,只有消化吸收之后,从中汲取到营养,把其中的知识变为你自己的一部分,才算真正拥有一本书。

———

小练习:

阅读一本书或一篇文章,在阅读过程中随时询问自己下面这三个问题:

1. 文章能提供给我哪些信息?

2. 我需要知道哪些信息?

3. 我找到自己需要的知识了吗?

第二章

学会正确阅读

明确阅读目的

　　阅读是一种目的性、动机性很强的心理活动过程。阅读目的在整个阅读活动中的意义就是不言而喻的，人们主动完成阅读行为的目的和要求也就成为我们必须关注的要点。一般而言，阅读的目的就是获取信息并得到某方面的满足。

　　目的越明确，阅读的效率就越高。阅读之前明确自己的目的，阅读的时候牢记自己的目的。一方面可以保证你把注意力集中在阅读的文本上；另一方面可以使阅读成果明显地体现出来。

获得信息

　　有时我们阅读的目的是获得信息，不管是知识性的信息、娱乐性的信息，或者是商界信息。为了获得信息而进行阅读并不需要太多的理解，只需要知道事实就行了。对报纸新闻的阅读是典型的获得信息的阅读，你所关注的是国内外各个领域有哪些大事发生。

以获得信息为目的的阅读，也有不同程度的区别。比如，对于报纸新闻，你可以根据自己的喜好，或者只是了解一个标题，或者了解事件的详细信息；对于百科全书里面的一些知识性的信息，最好是记住，即使记不住也要有所了解；对于商界信息则要认真分析，辨明真伪，然后用信息指导自己的行动。

应用

有些阅读文本具有实用性，我们要把从书本上学到的东西在实际生活中应用起来。比如，食谱、旅游指南、学习方法以及介绍各种技巧的书籍。这样的读物有很强的指导性，帮助我们在日常生活中处理一些事情。因此在阅读这类素材时，要思考在什么情况下可以用到这些知识？书中的内容会给你的日常生活带来哪些帮助？应用这些知识之后，事情会发生哪些变化？

为了应用而进行阅读，不同其他目的的阅读，必须按照文章的指导进行实际操作，才能使阅读发生效力。

欣赏

阅读往往是与感受、理解、欣赏血肉相连，就如同语言和思维的关系。尤其是在阅读文学作品的时候，其实读者就是在感受，在理解，在欣赏的同时获得愉悦和满足的过程。阅读应在读懂语言文字的基础上，读出作者的感情，读出自己的感悟。读的过程，实际上也是读者与作者进行心灵对话的过程。

对于大多数文学性的文章，我们都可以把欣赏作为目的来阅读。读者通过阅读确证自己，发现自己的同时，还可以获得一种特殊的审美体验与感受。

交流

简单地接受作者的观点和思想，不是正确的阅读态度。如果那样，你的大脑就成了别人思想的跑马场。因此，阅读的目的是与作者进行交流，而不是全盘接受作者的观点。尽信书不如无书，即使在权威面前，我们也不应该丧失自己的观点和立场。只有当你把自己已有的知识和刚刚读到的内容联系起来进行对比，把刚刚读到的内容融入自己的知识体系中，才算真正学到了新的东西。

在阅读的过程中，要批判地看待所读的内容，在自己不理解或不认同的地方对作者提出质疑。但是，这并不是说要对阅读材料吹毛求疵，而是以开放的心态对待作者的观点。当你抱着与作者进行交流的目的阅读文章的时候，你才能真正体会到阅读带给你的快乐。

解决问题

当我们对某些问题心存疑惑的时候，需要通过阅读文章获得解答。很多非文学类的书籍都是为解决某些问题而写的。比如，本书就是为了提高大家的阅读能力而写的，通过阅读本书，你就能解决阅读速度慢，理解力和记忆力差等问题。阅读这类读物的目的性非常强，因此检验阅读的效果也非常方便。阅读文章之后，按照文章中提供的方法去做，如果能够解决问题，那么说明你的阅读是有效的。相反，如果文章不能帮助你解决问题，或者是你没有理解文章的意思，没有按照文章的指导去行动，或者文章本身的理论是错误的，并不能帮助你解决问题。

评价

对文章的内容进行客观地评价，这样一方面可以帮助你更深刻地理解文章的内容，可以让你跳到文章之外，以旁观者的眼光来审视文章的内容。一方面要验证作者的观点是否正确，证明自己观点的论据是否可靠；另一方面要把作者的观点与这个领域内别人的观点进行比较，找出作者观点的优势和不足之处。

对文章进行评价的时候，你要把文章的内容与自己已有的知识联系起来，建立的联系越多，你对文章的理解和记忆就越深。

消遣

也许有人会说，读书一定要有目的吗？当然，你也可以漫无目的地阅读，但是这时也并非没有目的，你的目的是休闲娱乐、消遣时光，或者是修身养性。其实以消遣为目的的阅读是我们扩大知识面，博览群书的重要途径。

一个情节曲折的故事、一首浪漫温馨的小诗，甚至一个妙趣横生的笑话，都会带给人们一份无拘无束的放松和解脱。阅读不仅可以打发时光，还可以让你的心灵得到抚慰。

————
小练习：

阅读三篇文章，阅读之前明确自己的目的，阅读之后检测一下是否实现了自己的目的。

培养阅读兴趣

广泛的阅读不仅可以丰富自己的知识面，而且能够陶冶情操，形成良好的文化气质。可惜有些人从小就对阅读没有兴趣，一看书就头疼。他们对书籍文章接触得越来越少，逐渐形成了恶性循环。有些人一生都看不了几本书，原因就在于此。

人们常说"兴趣是最好的老师"，把阅读兴趣称作最好的老师毫不为过，因为阅读能力是一切学习的基础。有了阅读兴趣，你就可以主动学习各方面的知识了。孔子说"知之者不如好之者，好之者不如乐之者"。阅读兴趣是求知的动力，有了动力我们就会孜孜不倦地探索人类文明成果，吸取有益人生的知识和道理。

根据引起兴趣的原因，我们可以把阅读兴趣分为直接阅读兴趣和间接阅读兴趣。直接阅读兴趣是由读物或阅读活动本身引起的阅读兴趣，间接阅读兴趣是由阅读活动的目的和任务引起的兴趣。

首先，培养直接阅读兴趣需要发掘阅读的乐趣。

对一件事是否有兴趣完全取决于个人，兴趣是一个人内部的需要，做自己感兴趣的事是一种自发的行为。对于本来不感兴趣的东西，只要发掘其中的乐趣，就会对它产生兴趣。如果你能从阅读中获得乐趣，自然就会对阅读感兴趣。

你可以借助对阅读内容的兴趣激发对阅读活动的兴趣。首先要选择自己感兴趣的读物，只要是健康的，随便什么都可以拿来阅读。比如，报纸、杂志、短篇小说、画报、漫画等没有太多文字的阅读材料。随后要为自己营造一个阅读氛围，读书需要安静的环境和平和的心境。你不妨抽出一个下午，去图书馆阅览室，或者在自己的书房泡上一壶茶，静静地享受阅读的乐趣，体会到阅读的乐趣之后，你就会爱上阅读，对博览群书充满期望。

阅读本来就是一件快乐的事，当你切身体会到读书的乐趣之后，你就会更加喜欢读书。比如，通过联想和想象加深你对书中内容的理解，根据文字描述的人物形象和场景在头脑中呈现出生动、鲜活的画面，展开无限的想象，思接千载，视通万里，想象自己置身于书中的美景，想象自己体验着书中人物的喜怒哀乐。你还可以通过朗读体验语言文字之美，培养自己对语言文字的喜爱。很多经典的诗歌和散文读起来朗朗上口，有的令人震撼，有的令人陶醉。

其次，培养间接阅读兴趣需要明确阅读的目的和动机。

动机可以促使你为了实现某一目的而付出行动。心理学研究表明，当一个人在动机促使下专注于某一活动，活动结束时动机得到了满足，那么这个人就倾向于重复这项活动，并对此产生兴趣。所谓兴趣就是伴随动机满足而产生的一种愉悦情绪。因此，在阅读之前，明确阅读的目的和动机，你就会对阅读产生兴趣。

阅读可以提升精神境界。"腹有诗书气自华"，一个经常阅读的人能够在神情和举止中透露出饱读诗书的气质，给人博学多才、富有涵养的印象。通过阅读你可以和古圣先贤进行思想对话，从他们那里吸收精神养料，提升自己的境界。所谓"知书达理"，经常阅读的人明白事理，心胸开阔，精神也更加高尚。

阅读可以让你获得某方面的知识，因此有很强的实用性。如果你想丰富自己的专业知识，提高专业技能，就要阅读相关的书籍；如果你想获得养花或养宠物方面的知识，同样要通过阅读相关知识；如果你想烧一手好菜，或者你想外出旅行，还是需要通过阅读书籍获得相关知识和指导。

阅读可以为你积累谈资。在朋友聚会中，那些侃侃而谈的人通常是爱好阅读的人。他们广泛阅读各种材料，在头脑中积累了很多信息。当谈到任何一个话题的时候，他们都能从大脑中搜集到相关的知识、事例或理论，并表达自己的观点和见解。即使你不想成为社交明星，也有必要为朋友之间的聊天准备一些谈资，以免自己永远处于旁听者的位置。

宋朝皇帝赵恒在一首诗中说："书中自有万钟粟；书中自黄金屋；书中自有颜如玉。"确实如此，几千年的人类文明蕴含着深邃的思想、丰富的情感以及浩瀚无边的知识理论。感受书中的人文精神，汲取书中的思想精华，我们不但可以学到知识，而且可以完善人格，何乐而不为呢？

当这些动机得到回馈之后，你就有了阅读兴趣，获得更大的阅读动力，形成良性循环。在阅读时，你可以做阅读笔记，或者在阅读之后写读后感，这样你可以切实体验到阅读给你带来的成就感，从而以更大的热情投入到阅读活动中。

阅读兴趣是阅读活动中最活跃的心理因素，对于集中注意力，增强理解和记忆，激发联想和创造思维，唤醒情感体验，都具有积极的意义。

小练习：

1. 每天早晨花15分钟时间朗读优美的散文或诗歌。

2. 每天坚持写读后感或读书笔记，让自己看到读书之后的成就。

3. 在枕边放一本自己喜欢的书，每天睡前看10分钟。

改正阅读习惯

在小学三四年级，我们刚刚开始学习阅读的时候，为了加深对文字的理解和对词句的感知，我们需要大声朗读或者默读。由于理解能力有限，我们常常回顾已经读过的内容以确定自己的理解。随着阅读水平的提高，这些步骤已经多余了，但是很多人已经养成了习惯，导致自己阅读速度和理解能力低下。

高效阅读必须克服下面这些不良阅读习惯：

音读

音读就是读出每个字的发音，包括朗读和默读。音读需要声带振动、舌头和喉咙动、嘴唇动或者大脑中发声，总之有一个发声的动作，这会导致阅读速度等同于说话的速度。我们说话的速度是每分钟 120—150 个单词，音读使阅读速度停滞在这个水平。（如果你在朗读诗歌或散文，就另当别论了。）

为了纠正这个习惯，你可以尝试在阅读时将手指紧贴嘴唇或喉咙，提醒自己不要发音，或者你可以嚼一片口香糖，但是根本方法还在于强化速读练习，大量阅读简单的文章，速度提高了，音读现象自然就会消除。当你每分钟读完 350 个单词时，就没有时间念出所有的单词了。

逐字阅读

逐字阅读的习惯也是在刚学阅读的时候遗留下来的，这种习惯会把完整的句子割裂成字词，不但减慢了阅读速度，而且妨碍对全句的理解。文章的意思是通过句子，而不是单个字词来表达的。因此，你要尝试阅读文章的"意思"，而不是阅读"字"。

在阅读中，你要训练自己一目一句或一目半句的水平，提醒自己不要把注意力集中在每一个字上，而要把握整个句子和整段话的意思。这样就可以转变逐字阅读的不良习惯了。

纠缠生字

在阅读中克服生字是有必要的，但是如果遇到生字就停下来查词典，就会减慢阅读速度，打乱阅读节奏，妨碍你对文章内容的整体理解。

因此，不要遇到生词后就立刻查词典，除非那个生词是影响对文章理解的关键术语。你可以先根据上下文推测生字的意思，用笔做个标记，等阅读完毕再查字典印证。

回顾前文

由于注意力不集中，没有读懂前面的内容，或者由于不能理解后面的内容，只好返回重读前面的内容，回顾前文又造成信息的混乱，影响对文章的整体理解，这样就形成了恶性循环，回顾得越多，越妨碍阅读速度和理解。很多读者几乎把1/10的阅读时间花在他们已经读过的内容上了。

在阅读练习中，应该在视觉和心理两方面进行调整：一是集中注意力，用手指或钢笔引导你的视线前进；二是增加自信心，相信自己的眼睛和理解力。

这里强调的是在阅读过程中不要让你的视线回到上一句，如果需要仔细咀嚼文章中的一些关键句子，或者读完一遍后有目的重新阅读则是有必要的。

匀速阅读

很多读者习惯用一种速度进行阅读，不管阅读的素材是小说还是新闻，是幽默笑话还是科技文献。事实上，有些资料并不需要花费太多的时间来阅读，有些资料却需要仔细研究认真阅读。即使在阅读同一份资料的时候，也要注意调节阅读速度，把更多的时间放在重点和难于理解的部分，不要把太多的时间浪费在细枝末节上。

你可以用手指监督的方式克服这个弊病，读到容易理解的内容或不太重要的部分就加快速度，读到难于理解的内容或关键部分就放慢速度。

从头读到尾

很多人有这样的阅读习惯：拿到任何一篇文章或一本书之后都要从头读到尾。这种阅读习惯会影响你对文章的理解和阅读速度。除非你读的是侦探悬疑小说，否则你应该在阅读之前先预览全文，把握文章的主题和整体概要。对文章有了基本的了解之后，更容易理解文章的内容，阅读速度也会加快。

为了纠正这种习惯，你可以训练自己在阅读时，只看标题、作者、简介、目录、结构、关键词、图解等信息，仔细领会这些信息所传达的内容。

囫囵吞枣

有些人虽然读了很多书，但是读过之后没有任何印象，因为他们阅读的时候囫囵吞枣，食而不化，根本没有领会书中的道理，结果读了和没读一样。

为了纠正这种习惯，首先要明确阅读的目的，不要为了阅读而阅读。在阅读的时候应该注意思考，充分吸收书中的信息，理解书中的道理。正如朱熹所说："读书之法，在循序而渐进，熟读而精思。"读思结合、读用结合才能提高阅读的效率。

此外，一些不正确的阅读姿势也会影响阅读效率，而且会影响身体健康。比如，有些人在阅读的时候头部左右摆动，让自己的鼻子对准正在读的每一个字，这样就会降低阅读速度，很容易让你颈部疲劳。克服这种不良习惯的方法是肘部支在桌子上，双手支撑住下巴，强制自己依靠眼球的转动引导阅读。有些人喜欢趴在桌子上或者躺在床上看书，这些坏习惯容易导致近视眼、驼背、颈椎病等身体病变。正确的姿势应该是端坐在椅子上，双手将书拿起，放在距眼睛 30—40 厘米处，眼睛平视书本。

在阅读的时候如果注意力分散，就会降低阅读速度和对文章的理解程度。有些人眼睛盯着书本，大脑已经神游到了爪哇国，有些人一边阅读一边玩弄钢笔、尺子、钥匙等物，还不时地发出响声；有些人一边阅读一边抖动双腿，这些都是分散注意力的不良习惯。高效阅读者，应该正襟危坐，把心神完全集中在书本上。在阅读训练中应该迫使自己的眼睛和大脑集中注意力，保持高速运转，避免思想不集中。

改正不良的阅读习惯，培养良好的阅读习惯可以让我们提高阅读的效率，享受阅读的乐趣。

小练习：

1. 用手指按住嘴唇或喉咙，强制自己不要发音。

2. 用手指或钢笔引导视线，调节阅读速度。

3. 边读边想，确保自己理解了书中的内容。

4. 试着挺直腰背，把书放在离眼睛 30—40 厘米处，全神贯注地阅读 10 分钟。

选择正确的阅读方式

当你拿到一本书或一篇文章之后，打算怎么阅读呢？是一扫而过，还是反复推敲？是仅仅了解故事情节，还是仔细体会每个句子的表达？你需要在这篇文章上花费多长时间呢？你要用多快的速度来阅读呢？你对文章的理解和记忆要达到什么程度呢？

阅读方式有很多种，比如，朗读、默读、快读、慢读、连读、跳读、精读、泛读等。是否出声、阅读速度和阅读次序都属于外在的物理的形式，阅读的仔细程度则属于内在的理性的形式。这些阅读方式各有其特点，在阅读的时候要结合起来运用才能更好地发挥作用。

按照是否出声，可以分为朗读和默读。朗读不但要看书面上的文字，还要念出声来，把文字转化为有声语言，传入大脑皮层的刺激渠道。朗读有利于提高对语言的感受力和语言的规范化，深入领会词语的含义和韵律。默读就是不出声地读，这样可以提高阅读速度，有利于深入理解读物的内涵。

按照阅读的速度可以分为快读和慢读。快读就是速读，在有限的时间内尽可能多地阅读，表现为泛读。慢读就是缓慢地阅读，适合阅读学术研究之类的书籍，表现为精读。

按照阅读的次序可以分为连读和跳读，连读就是从头到尾按照文章的顺序阅读，跳读就是在阅读时把那些无关紧要或者早就熟烂于心的内容跳过去，甚至可以整行、整段、整页地跳过，只看自己需要的内容。

　　按照阅读的仔细程度可以分为精读和泛读。也就是人们常说的专精和博览。精读是指逐字逐句地钻研，重点在于透彻理解文章的意思。精读的阅读材料不必贪多，最好选择经典、权威的文章。泛读就是不求甚解、走马观花，重点在于搜索信息，了解文章的大概。泛读还可以分为略读、速读、选读等不同的方法。泛读的对象是一些大众读物。有人主张读书要精，结果他们读的书很少，知识面很窄；有人主张博览群书，结果虽然他们读了很多书，但是没有吸收书中的内容，对什么都是一知半解。

　　因此精读和泛读不能偏废，二者结合可以获得最佳的读书效果。泛读是精读的基础，你可以在较少的时间内浏览大量文章，然后从中筛选出真正有价值的和你需要的文章和书籍进行精读。精读的同时，还要在力所能及、兴趣所致的范围内博览群书。泛读让我们不孤陋寡闻，精读让我们不肤浅。最关键的是，阅读的时候要独立地思考，对作者的观点要进行分析辨别，不要让自己的大脑成了别人思想的跑马场。

　　出版社越来越热心于书籍的炒作和包装，越来越多的书籍出现在书店里。面对茫茫书海，怎样阅读确实是一件让人头疼的事。一般来说，时尚读物是属于泛读的，经典读物是属于精读的。但是这个原则也不是绝对的，时尚读物也不一定都要泛读，否则会难以吸收。时尚读物也可以有选择地精读，因为一些时尚读物会成为日后的经典。经典固然要精读，但也不可能对所有的经典全部精读，毕竟人的时间和精力是有限的。苏轼曾经说："书富如人海，百货皆有之，人之精力，不能兼收尽取，但得其所欲求者。

如愿学者，每次做一意求之。"

你可以根据自己的喜好和读物的特点选择不同的阅读方式。诗歌、散文等体现语言的韵律之美的阅读材料应该朗读，小说、论文等需要品味和思考的阅读材料应该默读。为了搜索信息而进行阅读的时候应该快读和跳读，为了做研究而进行阅读的时候应该慢读和连读。

阅读的方式很多，但是不要被一种阅读方式束缚，单调而呆板的规则往往不能在实践中应用。比如，在朗读的时候遇到意义深远的句子，你可以改为默读细细品味，在默读的时候遇到精彩的句子，你也可以大声朗读出来。优秀的阅读者还应该根据需要调整阅读速度。在快读阅读时，看到难以理解的内容，或自己感兴趣的内容，你完全可以停下来仔细阅读一番。在慢读和连读的时候，看到自己熟悉的或意义不大的内容，也应该加快阅读速度，或者跳过一些内容。只有懂得根据需要调整阅读方式，才能使阅读更有效率。

虽然我们在前面提到阅读的步骤应该先预览全文，在对文章的内容和结构有所了解的基础上进行阅读，可以提高阅读速度和对文章的理解度，但是这种方法适用于阅读技术性和学术性的资料，并不适用于阅读所有的读物。比如，阅读小说的时候，从头到尾地阅读才能更好地感受情节的起伏跌宕，尤其在看悬疑小说的时候，如果提前知道了故事的真相，岂不是很扫兴吗？

如果完全用阅读来打发时间，不在意阅读的效率，就会养成一种糟糕的习惯。阅读是不去积极主动地理解和运用信息，不对书面上的信息做深入的思考，而是消磨时间。只要有时间可以消磨，他们就会任意拖延阅读时间。但是，在同样的时间里，他们本来可以阅读两倍以上的书籍。因此在阅读的时候，要时刻提醒自己是为什么而阅读。先确定阅读目标，在阅读的过程提醒自己为了实现目标而阅读，阅读结束之后问问自己是否实现了这个目标，这样可以保证你不会把时间白白浪费掉。

小练习：

选择三篇报纸文章进行阅读，注意结合应用多种不同的阅读方式。在简单的地方加快速度，在不容易理解的地方放慢速度。

调节阅读速度

你现在已经知道匀速阅读是一种不好的阅读习惯，用手指、尺子、钢笔做阅读器可以调节阅读速度。在阅读器的监督下，你不但可以控制阅读速度，而且可以纠正你盲目往下读，结果什么都没有理解的坏习惯。

当你使用阅读器的时候，你就已经开始改正不好的阅读习惯了。从现在开始，用食指指向你正在读的这行文字，在阅读的同时移动手指，注意把目光集中在手指所指的文字上，而不是手指上。如果你习惯于使用右手，那么就用右手食指；如果你习惯使用左手，那么就用左手食指。不要担心你会因此而遭到别人的嘲笑，当你的阅读速度提高之后，当你能够灵活调控自己的阅读速度的时候，你会为自己的收获欣喜不已。

下面找一篇简单的文章进行练习。在开始练习的时候，不要强迫自己加速，可以按照平时的速度阅读，重要的是在阅读的同时要移动你的手指。这个阶段的练习持续几分钟，直到你习惯了手指在书面上移动。这时你就可以用手指指挥自己的阅读速度了，当手指快速移动的时候，目光就会跟着手指快速移动，当手指放慢速度的时候，目光移动速度也会慢下来。

　　在前面你已经了解到我们的阅读速度之所以很慢，一个重要的原因是在阅读过程中我们的眼睛总是逗留或回顾。用食指阅读器可以帮你改正视觉聚焦方式，一眼将一行或几行文字尽收眼底，而不是一眼只看两三个次。这样你就不会在一个单词上停留很长时间，也不会不自觉地返回头阅读已经读过的内容，相应地你的阅读速度自然会大大提高。

　　在阅读的原理那一章中我们已经提到过，大脑对文字的感知和指挥眼睛向下阅读的过程是在潜意识中自发完成的。当你使用食指阅读器之后，就可以使大脑用一种新的反映方式来完成潜意识的步骤。在开始的时候，大脑可能会不太适应，对文章的理解力会下降。你可以把书本倒过来，不去理解文字的意思，只是体会用手指引导视线的感觉。经过几天的训练，你的眼睛和大脑会逐渐适应这种方法，理解力会恢复到原来的状态。

　　习惯是慢慢养成的，因此改正习惯也需要时间。知道这个方法并不能保证你学会调节阅读速度，关键还在于练习。只有在日常阅读中不断应用，才能体现出这种方法的效果。俗话说熟能生巧，充分的练习才能塑造完美。如果你能够坚持每天应用，那么一个月之内，你就能实现快速、高效的阅读。

这个练习最好和开拓右脑的训练以及提高眼力的训练结合起来，扩大视野，让你的眼睛在每次定影的时候能够捕捉到更多的信息。只有当视野扩大以后，目光移动的速度才能跟上手指移动的速度。否则，手指移动太快，眼睛无法捕捉到手指走过的信息，反而会给自己增加压力。

　　当你的眼睛每次能够捕捉到一行文字信息的时候，你就可以进入高级阶段的训练。把手指停留在书面的中间位置，小幅度地左右摆动，引导眼睛一行、一行地向下阅读。或者用手指在书面上画"Z"，捕捉文章中的关键词和重点信息，实现一目多行。

　　速度不是我们追求的第一要素，手指阅读器不但可以提高阅读速度，还能增强我们对文章的理解。你已经知道，作者在表达意思的时候不是一个词、一个词来表达的，而是通过句子和段落来表达的。因此用食指引导视线可以避免狭隘地专注于对每个字词的理解，让你把目光扩展到一句话或一段话的内容。当你专注一句话或一段话所表达的意思的时候，就没有时间念出每个字，这样就突破了传统的语音阅读模式，实现眼脑直映的阅读模式，进一步提高阅读速度。

　　手指阅读器还可以用来帮助我们在阅读中加速或减速。读到容易理解的内容或不太重要的部分就加快速度，读到难于理解的内容或关键部分就减慢速度。阅读材料的难度，你对材料的了解，你的词汇量和相关方面的经验都会影响你的阅读速度。此外，书中的观点不是平均分布在书中的，有时十几页在讲同一个观点，有时十几个观点集中在一页中。有些观点比较重要，需要你花费时间思考，有些观点比较简单，可以一带而过。逐渐有意识地调整你的速度，使速度和对文章的理解完美地结合起来。

你还可以用铅笔、圆珠笔或钢笔代替手指作为阅读器，可能你会觉得这样更方便，因为你不用移动整个手臂，只需要晃动手腕就行了。需要注意的是，使用钢笔时最好戴上笔帽，使用圆珠笔和铅笔的时候要把笔尖缩进去，否则笔在书面上留下痕迹会给以后的阅读带来麻烦，还会妨碍你在书面上做标记。

小练习：

用手指或钢笔引导自己阅读，并有意识地调节阅读速度，找到适合自己的阅读器。

花 15 分钟时间阅读一段文字。先用阅读器调节阅读速度的方法阅读 10 分钟，然后用剩下的 5 分钟重新阅读一遍，找出第一次阅读时遗漏的信息。

不要担心自己做得不够好，尽最大努力就行了。只要每天坚持练习，一个月之后就会见到成效。

第三章

提高专注度

效率在于集中

高效阅读的首要原则就是注意力集中。只有把注意力集中在书本上，阅读才有效率。如果注意力不集中，那么阅读速度就会下降，也不可能充分理解文章的意思，更不能很好地记住文章的内容。

列宁的夫人克鲁普斯卡娅在一篇回忆列宁的文章中写道："他很注意节约时间，阅读时非常聚精会神，所以他读得很快。"列宁看书有一目十行的能力，而且能够快速抓住整段整页的意思。他在研究帝国主义这个专题时，读了 148 本书、49 种期刊中的 232 篇文章，写下 60 多万字的笔记。这种超强的阅读能力需要超强的专注度做保证。

在阅读的时候，你需要睁大眼睛面对一行、一行的文字，首先要认清字形，然后要思索这些文字组合在一起所表达的意思，如果这时你心绪像跳上跳下的猿猴，你的意念像草地里乱跑的野马，那么你就很难完成阅读的任务。

注意力的集中、控制与分配对阅读的效率有着十分重要的影响。注意力的集中是指在快速阅读时，注意力要高度集中在阅读对象上，而对阅读之外的事物置之不顾。也就是说，要能够抑制外界事物分散自己的注意力。当你在走神的时候，你会把全部注意力集中在你所想到的事物，对你的白日梦保持高度注意，对身边的其他情况视若无睹。如果你在走路的时候想一个问题想得出神，就会不小心撞到其他人。

注意力的控制是指在专心致志地进行阅读的同时，阅读者应该既能把主要精力集中在自己正在阅读的某一个重点内容上，又能够在随时将注意力迅速转移到需要继续阅读的下一个重点问题上。因为阅读是一个动态的活动，你需要跟着作者的思路不断地把自己的注意力转移到下一个问题，这样才能保证阅读的速度。如果注意力在一个问题上集中的时间过长，反而会使阅读效率降低，因此你要做到灵活调节注意力。

注意力的分配是指在进行阅读的时候，既要把注意力集中在重点上，同时又能兼顾周围的内容，分辨出哪些是应当比较重视的，哪些是可以一带而过的。对注意力的分配使用要合理有序，不应过分集中在一点上，忽略了对其他问题的关注。

专注度是实现愿望的关键，任何事情的成功都离不开专注度，阅读更是如此。我们在阅读的时候要保持心无旁骛、全神贯注的状态，才能实现阅读的目标。当你把精力集中在阅读文本上的时候，你就能保持平和的心态，摒除其他事物的干扰自然能够加快阅读速度。当你完全沉浸在阅读材料中的时候，对文章的理解力就会大大提高，就很容易理解作者所表达的观点和情感。记忆能力同样与专注度有密切的关系，如果你不把心思用在阅读材料上，那你就很难记住看过的内容。在阅读的时候如果集中精力，你的大脑就会自觉地把看过的内容与已有的知识联系起来，这样就比较容易记住文章的内容。

歌德说："一个人不能骑两匹马，骑上这匹就会丢掉那匹。聪明人会把凡是分散精力的事置之度外。"如果阅读的同时想着精彩的电视剧和足球比赛，你的精力就会分成 3 份，投入到阅读中的精力只有 1/3。如果全神贯注地做阅读这一件事，那么投入到这件事中的精力就是 100%。阅读效果的差别可想而知。

你可以自己做一个实验，一边看书一边和别人说话，或者一边看书一边看电视。你会发现一会儿工夫你就找不到自己读到哪里了。因为你的注意力分散了，当你从谈话或电视节目中回到书本上来的时候，你已经忘了前面读过的内容。这就像有些人在数钱的时候，特别害怕别人的打扰，如果在中间打断了，不得不重新再数。

英国哲学家卡莱尔说："最柔弱的生物在把他精力集中在唯一的事物上时，他就可以取得成就；然而最强大的生物把他的精力分散于许多事物上，就可能无法取得任何成就。"不断滴落的水滴可以穿透坚硬的石头，聚集起来的太阳光可以点燃木柴。如果你能够调动全身所有的细胞投入到阅读过程中，那么你的阅读效率就会达到最大的极限，你从阅读中得到收获就会最多。

强迫自己集中注意力并不是一件让人愉快的事，也不会有多大的效果。因为当你命令自己集中注意力的时候，你就会把意识放在集中注意力这件事上，而且只能维持几秒钟，你需要不断提醒自己集中注意力。要想集中精力，你需要掌握一些方法和技巧。最简便最有效的方法就是通过手指或钢笔阅读器引导你的视线。经过几周的训练你会发现自己很容易把精力集中在阅读材料上，因为这种方法可以帮你纠正逗留和回顾的毛病，让你按照一定的节奏读下去。阅读效率会大大提高。

除此之外，在后面我们还将告诉你如何通过注意力训练提高专注度。

小练习：

训练自己的专注度：

选择一幅自己喜欢的画，可以是国画、油画、风景照片、电脑合成画面或者明星的海报。

把这幅画放在桌子上，凝神盯着它看两分钟，注意画面的每个细节。然后闭上眼睛，回想画面的细节：前景是什么样的，背景是什么样的，中间是怎样过渡的？画面中的颜色是怎样搭配的？画面中的形状有什么特点？

觉得自己在头脑中描绘完整之后，睁开眼睛看看画面，找出自己疏漏或回忆错误的地方。再次闭上眼睛，修正自己头脑中对图画的印象。

反复做这个练习直到头脑中的画面与原作品中的每个细节都一致。

经过前面的残像训练再做这个练习应该没有什么问题。

注意力缺乏与分散

注意力是信息进入大脑的关键，如果你没有注意一件事物，那么这件事物就不能进入你的大脑，你就对它没有印象。注意力是人们在完成某项任务时，意识所选择的方向，它在阅读中起着非常重要的作用。如果缺乏注意力或者注意力分散就很难进行快速有效地阅读。

我们很多时候都不能集中注意力，但往往只有当注意力分散导致不能有效地完成工作甚至发生错误的时候，我们才会意识到问题的存在。容易让人分心的环境、胡思乱想和情绪因素都会导致注意力不集中。知道为什么会注意力不集中，就容易对症下药了。

很多人之所以不能集中注意力，是因为让他们分心的东西太多，可以分为外部因素和内部因素。外部因素包括噪音、对话、电视、网络、广告、工作、家务以及不舒服的桌椅和不合适的灯光。内部因素包括饥饿、劳累、疾病、眼睛不舒服、焦虑、压力、烦恼以及消极的想法和白日梦。

应对外部影响因素，一定要在空气清新、光线充足、安静舒适的环境里阅读。但是不要在卧室里，那会使你感到困倦。光线最好是自然光，从握笔那只手的对面隔着另一边的肩膀斜射过来。如果你用右手写字，那么光源应该在左前方，如果你用左手写字，那么光源应该在右前方。这样可以使你的视觉保持最佳舒适度。桌子和椅子的高度要适度，书桌要足够大，能够容下手头上的书籍和文件，书桌上的物品要摆放整齐。乱七八糟的会影响视线和心情。阅读时背要挺直，双脚平放在地板上。

应对内部影响因素，需有注意休息。你会感到疲惫、口渴、眼部疼痛、紧张焦虑，这些身体不适使你很难集中精力。要想集中精力保持高效阅读，你需要注意休息，劳逸结合才能使注意力达到巅峰的状态。如果一整天连续不断地阅读，随着眼睛和大脑逐渐疲劳，你的注意力就会逐渐下降。正确的做法是每半小时休息 5 分钟。阅读时还要注意身体的反应，打哈欠、头疼、眼睛不舒服等身体不适都是疲劳的征兆。这是身体在提醒你应该休息了。你并不需要躺下来睡觉，只要走动一下，活动一下身体，喝点儿水，远眺一会儿都可以缓解疲劳。

试着把精力集中在一个事物上，看能维持多久。你会发现用不了多久，你的目光就会游移到别的地方，即使你的目光不动，你的大脑也开始走神了。因为注意力是动态的，要想把精力长时间集中在一个事物上，需要经过训练才能达到。

注意力是专一的，如果你想把注意力分散到不同的事物上，你会发现到头来什么都做不好。就像那只三心二意的小猫一样，一会儿捉蜻蜓，一会儿扑蝴蝶，结果一条鱼也没钓到。尤其是当你做一件需要高度注意的事的时候，你就不能一心多用。

注意力是随兴趣而来的，如果读者对读物缺乏兴趣，就会失去阅读动力，对阅读材料感到厌烦而读不下去。这些因素都有可能使读者不能把精力集中在阅读材料上，导致有阅读困难症。要想克服注意力缺乏和分散的情况，可以从三个方面着手，即兴趣、动力和目标。想象一下，当你兴趣盎然、精力充沛、一心想要实现目标的时候，你是不是就会把所有注意力全部集中在阅读材料上呢？

　　兴趣可以治注意力缺乏的情况。对所做的事情感兴趣，你就能集中注意力，对所做的事情越感兴趣，注意力就越集中。当你对一件事充满兴趣的时候，就能够全神贯注地投入进去。你甚至可以忘了时间，忘了吃饭和睡觉，忘了周围的一切，任何事情都不能让你分心。在阅读的时候也是这样，如果你对阅读这件事感兴趣，或者你对阅读的内容感兴趣，那么你就能兴致勃勃地投入到阅读活动中。具体如何培养阅读兴趣，可以参考上一章的内容。

　　动力和目标可以治注意力分散的情况。问问自己为什么这样做，你就有了阅读的动力；明确了阅读目标，你就清楚自己想要的是什么。有了目标和动力，你就能全神贯注地完成一项工作，不会被周围的事物所干扰。如果目标不明确，不知道自己从阅读中要得到什么，不知道自己为什么要阅读，那么你很快就会分散注意力，关注一些对你更有价值的东西。

　　调动多种感官积极地阅读可以保证集中注意力。当你感到疲惫，但是不得不读的时候调动多种感官可以把你全部精力集中在阅读上。传统的阅读只是眼睛在看，你的手可能在摸头发，你的大脑可能会想点儿别的事。现在你要使用手指阅读器，用手指书面上的文字，你的大脑要积极地思考看到的内容，并发挥想象力，不但能看到，而且能尝到、闻到、听到、感觉到，遇到重点内容或有疑问的地方，你要在书上做上标记。当你把所有的感官都调动起来的时候，就很难分心考虑别的事情了。

　　此外，为了保证集中注意力，还应该做阅读计划，设定阅读时限。比如，在半个小时之内读完一节或一章的内容。内容的多少要根据材料的难度和你对材料的掌握程度来设定。不要太多，以免给自己造成压力，但是也不能太少，否则你会产生懈怠心理。应该设在比自己能力范围稍稍高出一点儿，使自己保持稍微地紧张，以便提高阅读能力。在阅读过程中如果发现设定的计划不合理，当然也可以灵活掌握。

情绪与注意力

影响注意力分散的内部因素除了生理因素，情绪因素也非常重要。过于紧张的情绪会影响你对信息的注意、处理和记忆。

比如，当你遭受身体上或精神上的重大打击，或者目睹灾难之后，这件事会给你造成重大的影响，但是你很难回忆起与事故有关的细节内容。因为在极度紧张状态下，血液中的皮质醇就会增加。皮质醇是一种激素，如果含量太多就会对人体产生不良的影响。这些皮质醇在整个身体的系统中循环，进入大脑破坏葡萄糖，把钙变为自由基，由内而外地损害大脑细胞。葡萄糖是维持大脑运作的重要营养源，营养源的缺乏会使大脑无法正确存储记忆。因此在事故发生的时候，你可能和别人交谈过，四处走动过，但是由于过于紧张，当时的情景没有在你的大脑中留下任何印象。随着年龄的增长，还可能会引发健忘症、失忆症。

当你产生紧张、焦虑等不良情绪的时候，就很难把注意力集中在阅读材料上，没办法进行快速有效地阅读。引起不良情绪的因素有环境因素、社会因素和生理因素。环境因素包括噪音、混乱和污染。社会因素包括财务问题、人际关系问题、工作任务和最后期限等。生理因素包括病痛、营养不良和缺乏锻炼。当这些因素导致情绪紧张或焦虑的时候，你应该找出改善这些因素的办法，而不是想怎样才能不紧张。

此外，当情况超出你的控制范围之内，你就会感到紧张。在阅读过程中，如果阅读材料对你来说比较陌生，可能你会产生紧张和焦虑感，不能把精力集中在阅读材料上。

紧张的人常常暗暗发誓，一定不要紧张。其实，这样想反而使注意力更加集中在自己的紧张情绪上，越是提醒自己不能紧张，就越会意识到自己很紧张。正确的做法应该采取顺其自然的态度，比如，我们在阅读的时候，头脑中出现杂念，不要强迫自己排除杂念，我们不妨带着杂念坚持阅读，这样就会在不知不觉之中，把注意力集中到阅读材料上。相反，如果我们奋力抗拒，坚决不让杂念出现，这实际上是把注意集中到杂念上，会更加意识到杂念的存在，最终反而对阅读造成更大的障碍。

强迫自己不紧张是在和自己过不去，会制造更大的紧张。正如有句话所说的"情绪如潮，越堵越高"。当紧张的情绪反应已经出现时，应该进行适当的调节。首先要坦然面对并接受自己的紧张。你应该承认自己处在紧张的情绪之下，然后告诉自己在这样的情境之下感到紧张是正常的。与这种紧张的情绪对抗是不明智的，正确的做法是体验这种情绪，想象自己站在身体之外观察你的紧张心理，这样可以避免让这种情绪完全控制住你。你还可以选择和紧张心理对话，问自己为什么这样紧张，自己所担心的最坏的结果可能是什么。

通常我们感到紧张不安都是因为我们不能掌控局面，当你正视并接受这种情况的时候，你就能坦然从容地应对，有条不紊地做自己该做的事情。实际行动是集中注意力的最好办法。我们有时会感到没有心情去做某件事，但是我们开始做某一项工作，会自然地把注意力集中于这项工作。但是，我们如果从开始就一直想着要把注意力转到工作上来，其结果却往往事与愿违。

当你产生不良情绪的时候就很难集中注意力，你会戴上有色眼镜看待周围的事物，什么都会让你感到厌倦。比如，一个男子要去向心仪的女子求婚，满怀期望和欣喜之情，走在路上看到老人、孩子、小狗，他都表示友善的关爱。遗憾的是他遭到了拒绝，在回来的路上看到同样的老人、孩子、小狗，他感到非常厌恶，看什么都不顺眼。可想而知，在这种情绪下阅读，很难把注意力集中在书本上。因为他的注意力已经被情绪左右了。

情绪是一种感觉，受到各种因素影响，因而是变化无常的。今天和昨天的工作量一样大，但是由于环境、人际关系、身体状况等因素，你觉得今天做的事情比昨天多。这种感觉会逐渐发展为不良的情绪，形成恶性循环。你不能左右明天的天气，但是你可以左右自己的心情。莎士比亚也曾经说过："世上本无好坏，全凭个人想法而定。"

当然，如果你的情绪过于松懈，就会使注意力分散，也不会有很好的阅读效果。正确的做法是保持适度的紧张。

小练习：

在这个竞争激烈的社会，我们常常会因为各种压力而心绪不宁。下面是一些调整情绪的方法，当你感到紧张或焦躁的时候，可以用这些方法让自己放松。

1.找一个空气清新、光线柔和、舒适安静，而且不受打扰，可自由活动的地方，采用一个自我感觉比较舒适的姿势，站、坐或躺下。

2.活动一下身体的一些大关节和肌肉，做的时候速度要均匀缓慢，动作不需要有一定的格式，只要感到关节放开，肌肉松弛就行了。

3.做腹式呼吸，慢慢吸气然后慢慢呼出，每当呼出的时候在心中默念"放松"。

4.将注意力集中到一些日常物品上。比如，看着一朵花、一点儿烛光或任何一件柔和美好的东西，细心观察它的细微之处。点燃一些香料，微微吸它散发的芳香。

5.闭上眼睛，尽情地想象一些恬静美好的景物，比如，开满鲜花的田野、蓝色的海水、金黄色的沙滩、朵朵白云、高山流水等。

6.做一些与阅读无关的自己比较喜爱的活动。比如，游泳、洗热水澡、逛街购物、听音乐、看电视等。

环境与注意力

环境因素是导致我们注意力分散的一个重要原因。比如，嘈杂的声音、乱七八糟的摆设、污浊的空气都不利于我们集中精力进行阅读。

有人在充满噪音的环境里很难集中精力进行阅读，需要在比较安静的环境里读书。但是环境不会随着我们的心愿而改变，有些噪音是我们不能控制的。如果你在开放式的办公室里工作，为了避免噪音对你的影响，可以选用下面两种方法排除噪音的干扰。

你可以戴上适合自己的耳塞。有些耳塞隔音效果很好，而且戴上之后比较舒适。现在市场上有专门的隔音耳塞，可以消除或降低噪音的分贝数。或者你可以在医院里，听取医生的建议。当你在嘈杂环境看书的时候，就可以戴上耳塞，把自己与外部世界隔离开。

你还可以戴上耳机听一些柔和的音乐，最好是没有歌词的轻音乐。音乐的风格应该比较舒缓，但是也不能太过舒缓，否则听的时候你就想睡觉。听的时候，音量要调低点儿，不能太刺激，否则你会把注意力集中在音乐上而忘记你在看书。乐曲不能太单调，应该有所变化，否则你会感到乏味。

巴洛克风格的音乐对提高注意力很有帮助，它们能够让你身体放松的同时保持头脑清醒。莫扎特、贝多芬、维瓦尔第的一些作品也适合在阅读的时候听。你可以选几首自己喜欢的曲子，比较一下听那首曲子时注意力容易集中。下面几首曲子是已经通过测试证明能够帮助我们集中注意力，提高阅读效率的音乐：

巴赫的 f 小调大提琴协奏曲，广板。

维瓦尔第的 D 大调吉他与弦乐协奏曲，广板。

科雷利的 d 小调协奏曲，广板，作品第五号。

非常寂静的环境也让人无法忍受，甚至会引起紧张和恐惧的感觉，一定要小声嘟囔一下才能安心。由于心情不同，我们对不同环境的反应也是不同。比如，收音机里播放同一首歌，昨天听的时候想立刻把它关掉，今天听的时候却把音量开到最大，跟着一起唱。

阅读时不要让任何东西打断你，直到你完成阅读任务。无论在办公室还是在家里，当你阅读的时候很难不被打扰，总有一些东西吸引你的注意。有人会给你打电话或者发微信，有人甚至会亲自来找你，使你的阅读中断。如果有必要，你应该为自己准备一段专门的阅读时间，不接听电话，不会见客人，打出"请勿打扰"的牌子。

摆脱混乱的状态可以让你集中精力。如果书桌上的文件和书籍摆放得乱七八糟，你阅读时这些东西就会吸引你的主意，弄得你心烦意乱。你会感到不能控制环境，进而变得紧张，头脑不能保持清醒。如果把书桌上的物品摆放得井然有序，那么无法控制环境的感觉就会减轻，你就能把精力集中在阅读材料上。

让人感到烦恼的是办公桌上常常有一些没用的文件占据空间。你应该定期清理这些文件，把没用的资料收起来或者扔掉。一个好办法可以帮你及时地处理没用的文件。把所有的资料装进一个文件夹里，需要的时候从文件夹取出，如果确定近期还要用，看完之后就把文件放在最上面。这样经过一段时间之后，没用的文件就会渐渐沉到底部。每三个月把最下层的文件拿出来扔掉，因为如果一份文件三个月不用，那么再用到的可能性就很小了。

理论上说安静、整洁、舒适的环境更适合阅读，但并不是对所有人来说都是如此。有些人就习惯于在乱糟糟的环境里阅读，如果把书桌收拾得特别整洁反而会感到不自在。有些人甚至喜欢在卫生间阅读重要文件。在卫生间里他才可以全身心地投入，阅读效率很高。如果那是适合他阅读的环境，又有什么不可以呢？

只要他能找到光线充足、空气清新的卫生间。因此找到适合自己的，能够帮助自己集中精力的阅读环境非常重要。

你可能有过这样的经历，在一个特定环境中，想到以前在同样的环境中发生的事，这种情况叫作情景记忆。比如，不少学生在考试的时候常常会发挥失常，那是因为他们学习的环境与考试的环境明显的不同，学习环境是舒适轻松的，考试的环境是紧张严肃的，环境的巨大差异使情景记忆没法发挥。还有一种情况是你要进行演讲或参加面试，你准备得很充分，但是当你面对听众或面试官的时候，环境的不同使你的大脑变得一片混沌，准备好的台词一句都想不起来。

如果长时间进行阅读，注意力就会遭受耗损，这种注意力的耗损又叫作"精神疲劳"。精神疲劳对于注意力集中有不利的影响。注意力研究领域，有人提出了一种可以将精神疲劳降低，并能够恢复注意力的方法——注意力恢复理论。这个理论的一部分就是通过外界环境帮助恢复注意力，具有此类效果的环境叫作"恢复性环境"。比如，草木繁盛的自然环境对于恢复注意力有很好的效果。远离让你分心的生活环境或让你不悦的刺激物都有利于帮助你恢复注意力。当你进入一个在时间或空间上扩展成为一个更大而且不同世界的环境中的时候，你会有新鲜的体验。这同样有利于你恢复注意力。

改善注意力的方法

我们在阅读过程中，注意力是打开我们心灵的大门。这个门开得越大，我们吸收到的信息就越多。相反，如果注意力涣散了或无法集中，心灵的门户就关闭了，一切有用的知识信息都无法进入。正因为如此，法国生物学家乔治·居维叶说："天才，首先是注意力。"注意力的集中作为一种特殊的素质和能力，注意力集中不但可以提高阅读的效率，还可以使你思维更敏捷，反应更迅速。比如，你在休息和玩耍中可以自由散漫，一旦开始做一件事情，就能迅速集中自己的注意力。集中注意力的素质和能力可以通过一些方法得到改善。下面这些方法可以帮你改善注意力，提高自己专心致志的素质。

注意力是心智方面的速度和能力，要想改善注意力应该在信念和意志方面下功夫。你应该确立一个提高注意力的目标，对培养专注度感兴趣，并且相信自己一定能够提高注意力集中的能力。

确定一个目标之后，你就会朝着目标的方向发展。当你给自己设定了一个要自觉提高注意力和专心能力的目标时，你就会关注如何集中注意力，如何训练专注度，经过一段时间的训练，专心致志的素质就会得到很大提高。因此你要给自己确定一个目标：从现在开始我要比过去更加专注于阅读。有了这个信念以后，你就能更好地排除外界干扰。比如，现在你对自己说："我要在注意力高度集中的状态下学习本节的内容。"那么在阅读本节内容的时候，你就会更加专注。

兴趣是最好的老师，如果你对培养专注度感兴趣，你就会积极地投入到各种训练中。对自己感兴趣和的文章更容易集中注意力，因此要利用自己的兴趣集中注意力。对于那些自己还缺乏理解、缺乏兴趣的事物，我们必须研究它、学习它，发现它的有趣之处。因为兴趣是在学习、掌握和实践的过程中逐步培养的。

要相信自己能够集中注意力，相信自己可以具备迅速提高注意力集中的能力，能够掌握专心这样一种方法。只有对提高专注度充满信心，才能排除外界干扰，做到高度注意力集中。不要给自己这样的不良暗示：我无论如何也不能集中注意力。

注意力分散的主要原因就是外界的干扰和内心的干扰，训练注意力也要从这两方面着手。

虽然耳塞和音乐可以排除一些外界的干扰，但有些干扰因素还是难以避免的。训练注意力，就是要在嘈杂的环境中也能够集中精力。毛泽东年轻的时候，为了训练自己的注意力，曾经专门到车水马龙的大街上读书。这样就可以训练自己的抗干扰能力。你也可以试着做这样的训练，在嘈杂的环境中阅读，达到对周围的一切因素置若罔闻的境界就训练成功了。

内心的干扰比环境的干扰更严重。内心干扰是一种情绪活动，要想集中精力就要把干扰阅读的不良情绪排除掉。调整呼吸，放松身体和神经是很好的方法。

劳逸结合是改善注意力的好方法。如果你长时间阅读，随着眼睛和身体的逐渐疲劳，注意力也会逐渐下降。适当地休息片刻可以改善注意力、记忆力和情绪的状态，当你再回来阅读的时候，阅读效率会有明显的提高。但是如果休息的时间过长，就会适得其反，休息的时间越长就越难以回到阅读状态中。如果你打算进行长时间的阅读，最好休息多次，每次休息十分钟左右。休息之前在停止的地方做上记号，在大脑中重复对最后一句话的理解。休息完之后，先回顾对最后一句话的理解，重新确定阅读动机和目的，设定阅读时间，继续阅读。这样就能张弛有度，训练集中注意力的能力。

　　整理你的书桌，在阅读的时候在书桌上尽量不要出现和阅读材料无关的东西。在你的视野中，只有你现在要阅读的书籍。这在训练注意力集中的最初阶段是一个必要的手段，否则你很容易被其他东西分心。

　　除了整理书桌之外，还要整理大脑的思绪。和书桌一样，大脑中的各种与阅读无关的情绪、思绪和信息也会让你分散精力。把无关的东西清理掉，你就能把百分百的精力投入到阅读材料中了。这样可以帮助你快速进入阅读状态。如果你能够做到一分钟之内没有杂念，进入阅读状态，你就很了不起。如果你能够在几秒钟内进入阅读状态，那你就是天才了。

　　如果在阅读过程中出现你不理解的问题，不要在这个问题上逗留太久，放下来，接着往下阅读。如果你感到阅读困难，注意力就很容易分散。千万不要被前几页的难点挡住，对整本书望而止步。如果你接着往下读，就会发现后边大部分内容你都能理解。后面的内容还会增进你对前面内容的理解。

　　此外，通过饮食也可以帮我们保持最佳注意力状态。合理的饮食可以给大脑供给足够的营养。脑细胞工作时，需要大量氧气和碳水化合物。大脑的主要成分是蛋白质、脂类（主要是卵磷脂）以及对大脑最有影响的维生素 B1 和烟酸等。因此在满足热量的前提下，还应摄入足够的蛋白质和维生素。如果你想长时间集中注意力，应该采用少吃多餐的饮食策略。

小练习：

训练自己的感官注意力：

1. 训练自己的视觉注意力。在一段时间内集中精力注视一个目标，而不被其他的图像所转移。除了你的目标之外，对其他的东西视而不见。

2. 训练自己的听觉注意力。在一段时间内集中精力倾听一种声音，在嘈杂的环境可能有成百上千种声音，但是你只听其中的一种，比如，鸟叫声或人们说话的声音，把其他的声音屏蔽掉。

3. 你还可以训练触觉、嗅觉和味觉。集中精力体验风吹在脸上的感觉，感觉周围空气的温度，认真闻一闻玫瑰花的香味，细细咀嚼一个苹果，仔细体验一个苹果的味道。你们还可以在整个世界中只感觉太阳的存在或者只感觉月亮的存在。

这种感官注意力的训练可以让你快速提高专注度。

文章图录

第三编

工作中获取资讯

只阅读必要的文件

你是不是经常面对大量阅读材料感到不知所措？尤其是在工作中，阅读各种文件的目的是获取资讯，没有必要把时间浪费在对你来说没有太大用处的文件上。如果你感到阅读压力很大，不能及时完成阅读任务，不能从众多文件中获得相应的资讯，主要有两方面原因：一是你对阅读材料不加筛选，试图阅读所有的内容；二是你总是向后拖延时间。

如果阅读量超出了你的承受范围，那么你就应该问问自己："我有必要读完所有这些信息吗？是不是可以从中筛选出一些重要的文件，减轻自己的负担？"有时，一大堆文件中只有一两段话是对你有用的，如果阅读完所有的信息，你就会把 80% 的时间和精力浪费在没用的信息上。因此，不要试图阅读所有的内容。

如果仅仅认为看不完，就不能向上级交代，那你就是舍本逐末了。阅读完所有的材料只是形式的问题，从材料中获取有价值的信息，才是你的真正的任务。如果花费很多时间阅读了一大堆没用的材料，没有得到一点儿有用的信息，就更加没办法向上级交代。因此，有没有阅读完所有的资料不是检验工作效率的标准，能否从阅读材料中获取有用的咨询才是检验工作效率的标准。

在你工作过程中，可能会临时接到一些任务。比如，有人会递给你一份文件，告诉你："这是急件，必须马上阅读。"很多时候，你会立即处理刚刚到手的事务，不管手头上的事多么重要。对别人来说是急件，但是对你来说未必是急件。如果为了一件不太重要的事，耽误了手头的工作，就得不偿失了。因此，当你面临多项任务的时候，不要草率地投入到工作中，应该先把需要处理的文件排出一个优先顺序，优先阅读最重要的文件。

什么样的文件是必要的？首先，筛选出与当前的工作有关的阅读材料，其余的资料可以放到一边，当你空闲下来再做处理。其次，筛选出时间比较紧迫的阅读材料优先处理，可能有些材料明天或者后天就要用到，有些材料虽然与工作有关，但是没有明确的时间期限，就可以排在后面。我们的时间是有限的，如果阅读量超出了你能处理的范围，那么你就不得不挤掉阅读另外一些文件的时间。由于需要阅读的内容太多，你还要面临最后期限的压力。最后，自己忙得焦头烂额，但是并没有得到多少有价值的信息。这绝不是我们想要的结果。

要想高效地处理大量文件，你需要合理地安排时间。如果你在周末和假期，仍然要处理大量的文件，一方面说明你很敬业，但是另一方面也说明你的工作效率很低。要想在工作时间之内完成所有的工作，就要提高工作效率，优先处理重要的文件，抓住问题的关键，及时获取重要资讯。如果工作任务确实超出你自己的承受范围，那么你就应该考虑把一部分工作分派给别人。这样才能更好地保证工作效率。

有些人做事拖拖拉拉，总是一味地向后拖延时间，今天的推到明天，明天的推到后天，结果要处理的文件堆积成山。当要处理的事情看起来很多的时候，你就会更加不愿意处理，工作就无法进行下去了。与其出现这样的结果，还不如当初就把该做的事情做完。如果需要处理的文件看起来很多。你要想办法压缩阅读量，从中挑出必要的文件进行阅读，把无关紧要的文件先放在一边，等有时间再做处理。

如果阅读材料对你来说很难，你可能会有逃避的心理，不愿意面对和处理。但是，如果你向后拖延的话，就会显得越来越困难。解决的办法是发扬蚂蚁啃骨头的精神，勇往直前，迎难而上。当你投入到阅读中的时候，你会发现事实并不像想象的那么难。你还可以把要处理的阅读材料分成若干份，然后每次处理一部分。每当你处理完一部分就会感到一种成就感。在这种成就感的推动下，你的阅读过程就会轻松多了。

导致拖延的另外一个原因就是对阅读材料缺乏兴趣。缺乏兴趣就失去了阅读的动力，确实会影响阅读效率。在阅读之前应该先为自己确定阅读目标，比如，你想从中获得哪些信息，有了目标也就有了动力，兴趣也就会随之而来。

此外，你还可以问问自己：如果不阅读这份文件会有什么后果？如果不会耽误你现在的工作，那么就把它放在一边吧！如果有人提醒你看这份文件，那么你也不用在这份文件上花费太多的心思。因为就算你忘了看，也会有人提醒你的。二战时，有一位飞行员叫道格拉斯·贝德尔，他有这样一套理论：如果事情真的很重要，那么迟早会有人通知你，或者提醒你做这件事。否则，如果事情不重要，即使你不做，也不会造成太大的影响。你处理文件、信件或各种阅读资料的时候，也可以采取同样的策略。

有一位老板就是这样做的，他把每天收到的所有信件、报告和各种阅读材料都扔进垃圾桶，通过别人的提醒来判断哪些材料是值得阅读的。当然，他的做法比较极端，但他是老板，有自己的公司，如果有些文件需要阅读，就会有人提醒他。当你使用这个策略的时候，要确保真的会有人提醒你，如果没有人提醒你，那么你就要承担很大的风险，担负很大的责任。

阅读辨清主次

要想筛选出必要的阅读文件，就要辨清阅读材料的主次，制订阅读计划，排除阅读的优先顺序。之所以面对一大堆阅读文件不知道从何下手，主要是因为不能分清轻重缓急。如果把你要处理的文件按照重要程度，分出轻重缓急，你处理这些文件的速度就会快得多。

首先，把你要阅读的所有文件集中起来，快速浏览这些文件的标题，根据内容的重要程度分为三类：紧急文件、重要文件和一般文件。

　　然后，浏览文件的内容，评估文件的价值，明确阅读的目的。你可以问问自己：我阅读这个文件为的是获取哪方面的信息？阅读这个文件可以给我带来什么好处？仅仅是为了完成任务，还是有什么其他的价值？也许你把一些文件归入了重要文件，结果这时发现这些文件并没有什么价值。明确了阅读的目的，也就有了阅读的动力。

　　接下来，列出处理这些文件的顺序表，并估算出处理每项事务所花费的时间。根据需要时间的不同，把阅读排入日程。对于数周以后才会用到的信息，现在可以不看，否则看过之后，临到用时还得复习。

　　为了获取资讯，我们要进行大量阅读，包括纯消遣的涉及工作方面的以及为了研究而阅读的书籍等。等待我们阅读的书籍和文件这么多，加上繁忙的工作，我们没有那么充裕的时间把每本书都从头读到尾。因此要制订阅读计划，充分利用时间。为了保证阅读效率，你可以遵循下面几个原则：

　　1. 在精力充沛的时候阅读，不要在感到疲倦的时候阅读。

　　2. 制订阅读计划，留出的时间要比计划的时间稍多一些。

　　3. 如果出现新的阅读材料打乱你的计划，要先评估文件的价值。如果不紧急，就放到一边，等到有剩余时间再说。如果是没有用处的文件，就及时扔到垃圾箱里。

　　不同的文件要分清主次，才不至于浪费时间，同一份文件中的内容同样要辨清主次，才能抓住重点信息，提高阅读效率。那些善于阅读的人耗费于一本书的阅读时间，只需要 20—30 分钟就够了。为什么这么短呢？因为一本书或一份文件中的内容，符合你需要的信息充其量也就几页。在任何一本书中都有足够多的段落没有任何论述，或者只是反复强调一个观点。只要把握住自己所需要的信息，其他的页数不看，也算是达到了阅读的目的。

事实上，优秀的阅读着并不是在短时间之内"读完"一本书，而是在短时间内获得自己所需要的"信息"。如果在短时间内进行快速阅读，并有效率地获得信息，就必须满足一个条件，那就是要明确地知道，你想获得哪些资讯？有了明确的目标，带着疑问进行阅读，阅读效率自然会提高。仔细地阅读目录，分辨出哪些是主要内容，哪些是次要内容。重要的地方可以多读 10 分钟或 20 分钟，不重要的地方可以一带而过。

如果不知道自己想要的信息，你就找不出应该仔细阅读的地方。如果在不知道自己所需要的信息的情况下，把一本书从头读到尾，那还不如花 10 分钟只阅读必要的地方效果要来得好些。对读书来说，最重要的不是阅读时间的长短，而是能否在较短的时间内获得自己需要的信息。这要凭借一种敏锐的判断力，知道哪一部分是应该仔细阅读的重点内容，哪一部分是可以忽略的次要内容。

在阅读一本书或一份文件之前，要先弄清楚阅读的重点。做到这一点，你需要掌握一些阅读策略。首先，要获得阅读材料的背景信息，弄清楚这份阅读材料与你要获得的资讯有什么关系？如果文件是别人让你看的，那么在接手的时候，请教他们为什么让你看这份文件。这样就明确了阅读的目的，知道自己为什么要处理这些信息。其次，通过浏览全文和检视阅读获取文件的主要内容，对照自己想要获得的资讯，找到重点内容。最后，如果是别人交给你的文件，你也可以让他们大概讲解一下主要内容，和你需要注意的重点问题。

　　在阅读时，可以根据时间限度来选择阅读的方式。有时只需要精读刚开始的 10 页，因为有很多书在开头部分，叙述全部内容的核心部分。如果你的时间有限，那就不妨只阅读文件的开头部分和结论的部分。如果你的时间比较充裕，你可以先预览全文，找出文章的中心思想、关键词和重要数据，积极地阅读每节的第一段和最后一段。当你找到自己需要的信息时，做好笔记，你可以写在笔记本上，或者直接在文件上做标记。如果不及时记下来，你很可能会忘记一些有价值的信息。当你再想到这个问题的时候，只知道在文件中看到过，但是怎么也找不到了。

　　需要注意的是，阅读内容的主次和作者写作内容的主次是两个概念。对作者来说，文章的主要内容是能够表达自己主要观点的内容。对读者来说，主要内容是能够满足自己所需要资讯的内容。大多数时候二者是一致的，因此你可以从文章的开头和结尾部分寻找文章的核心内容，但有些时候二者是不一致的，这就需要你预览全文之后，再从中筛选出自己需要的信息。

快速信息查询

　　在文件或书籍中寻找信息，要明确你想找什么样的信息，就像在网络上一样，搜索信息的时候一定要输入关键词，才能尽快找到你需要的信息。你对自己想获取什么样的资讯，要有明确的概念，否则你就很难得到相应的信息。比如，在使用网络的搜索引擎时，如果你输入的关键词概念模糊，就会找到太多的相关信息，很难从中筛选出你真正需要的内容。

简而言之，就是在搜索信息的时候，要有明确的目标。当你在寻找什么的时候，你就会最先看到什么，对于你所关注的信息无关的内容视若无睹。你的目标越明确、越具体，就越容易找到相关信息。

如果你检索出的文献量过多，有两个原因，一是关键词多义性；二是关键词不够具体。如果关键词有多种含义，那么搜索的信息的大部分内容是你不需要的。比如，"算账"这个词基本义是计算账目，引申义是吃亏或失败后和别人较量。如果把"算账"作为关键词，你就会搜索到一些你不需要的内容，还要从中筛选出你需要的信息。如果关键词不够具体也会大大降低查询速度和质量。比如，你想查询黄河的水质情况，可能会找到黄河上游、中游、下游的水质资料，过去 10 年和过去 5 年的水质情况。事实上，你想要的是现在黄河下游的水质情况。因此在查询信息时，要在关键词前面加上一些必要的修饰和限定词。

图书馆为你提供一切你所需要的信息和指导。训练有素的图书管理员会向你提供信息，并介绍如何运用它们。你自己也可以了解一下中国图书馆分类法和图书馆的组织方式，快速找到相关学科专业的信息资源。利用信息检索功能和参考文献数据库找到你需要的文献资料的摘要、目录和索引。根据这些信息评估文献资料的价值，如果文献的内容对你有用，就找到文献全文进行分析阅读。

你可以先从百科全书开始搜索资料，然后查阅相关专业的期刊，从中找到你需要的参考书和文章。你还可以使用主题或作者索引，通过图书馆的电脑信息管理系统和卡片系统来搜索，然后把找到的参考书和文章做一个列表，一旦遇到你需要的信息，就把它们加到列表中。

　　找到相关书目之后，先浏览目录，标出看起来能够给你提供信息的章节。把相关章节的页码标注在文章后面，并写上自己想从中获得哪些信息。你还可以直接在相应的章节上做标记，在边白处写上关键词，提醒自己可以从中获得哪些信息。

　　最快捷、最便利的搜索信息的工具要数互联网了。你只需要弄清楚自己想查找哪方面的信息，输入关键词，按下回车键，就可以得到大量相关信息。著名的中文搜索引擎网站有百度、Google、搜狐、雅虎、新浪、搜狗、搜搜、爱问、天网等。通过网络搜索常识性的问题非常便利。如果你想获得某一类别的信息，还可以通过分类搜索网站获得，比如，新浪读书搜索、百度游戏搜索、雅虎图片搜索等。但是如果你想查询专业的问题，在一般性的网站上可能得不到权威的信息，你可以先搜索到该领域的专业网站，然后在专业网站查询你想要的信息。找到你需要的信息之后，把信息提取出来保存在电脑上，并把相关网站收藏起来，方便以后再次查询。

　　搜索信息时不但要求速度，还要保证质量。在搜索信息时，一种常见的错误做法是没有预览足够信息，就匆匆停止搜索了。也许你搜索的信息不能代表那个领域的权威观点，也许关于那个问题还有最新的观点。由于你参考的信息不够权威，你由此作出的结论也就缺乏说服力。由于你搜集到的信息不够全面，就会导致你作出的判断也有所欠缺。因此在搜索信息时，要广泛收集多方的资料，保证信息的质量。

搜索某一主题的信息时，你会发现你找到的信息并不像教科书里写的那样保持高度的一致性。在任何一个领域都存在众多的争议，不同的专家对同一个问题往往持有不同的观点。你需要搜集各种观点，进行分析比较才能站在前人的基础上提出自己的观点。尤其是针对有分歧的观点，更应该深入研究，掌握不同观点立论的根据，分析各个观点之间的差别，不要轻信最先看到的观点。形成自己的观点的过程就是通过独立思考，不断立论和驳论的过程。

在搜索信息的过程中要有打破砂锅问到底的精神，也许你搜集到一些信息之后，又会产生另外一些疑问。这时需要搜集更多的信息来解决现在的疑惑。比如，你遇到生词，查词典的时候，那个生词的解释中还有不认识的字，你不得不再次查询。这样反复几次才把一个生词弄懂。如果你查询的资料很少，就不能彻底地全面地弄明白你所关心的问题。因此，不要仅查到一两本书就停止搜索。

搜集到信息之后要按照一定的标准对信息进行分组整理。比如，持正面观点的信息分为一组，意见相反的观点分为一组，主流的观点分为一组，非主流观点分为一组。此外，还可以按照时间顺序回顾该问题的发展历程。这样经过一番分析整理之后，你就能对自己所关心的问题形成整体的认识。

新客户资料的阅读

当你接到新业务的时候，不管是处理新项目，还是和新客户打交道都需要获取一些新的资讯。

如果新项目不属于你的专业范围，你也要尽量提供专业化的服务。这就要求你学习很多相关专业的知识。为了在新的项目中能够得心应手，你需要在着手工作之前，了解相关专业的信息。首先，明确自己要处理的是什么工作，需要哪方面的专业知识？然后，问问自己已经具备了哪些知识，还需要知道哪些知识？在这个专业领域，你有哪些疑问？在哪里可以获得相关信息？把这些问题的答案在笔记本上整理出来，然后寻找相关信息，补充自己在这个领域的知识。

接受一项新的任务的时候，你要弄清楚完成这项任务所需要的专业程度。如果需要的专业程度很高，你就有必要雇佣专业人士帮助你完成工作。如果专业程度要求不是很高，经过学习和努力你可以承担，那么你就可以自己负责这项任务。虽然会承担一定的风险，但也是学习新知识、积累经验的好机会。

确定自己承担新项目之后，就要尽量多搜取相关信息，花一段时间来学习。只有当你对那个领域有所了解之后，才能顺利地开展工作。你可以通过专业书籍、专业杂志、网络搜寻那个领域里的常识性、一般性的阅读资料。这样可以对新的领域有一个基本的了解。尽量获取多种不同的观点，进行比较鉴别，对你要处理的项目得出客观的全面的认识。

在此基础之上，你还可以与该领域的专家交谈，他们可以帮你快速找到最佳的信息。此外，你还可以从上级那里得到一些必要的建议和指导。你还应该及时地与客户沟通，了解客户的需要，使自己的工作成果得到客户的认可。

在工作过程中，积极地与别人交流，向别人学习是让自己保持正确方向的好办法，而且这样能够保证自己发挥最大的潜能，尽全力把工作做到最好。因为你能从别人那里获取资讯和指导，谦虚好学、不耻下问的人总能得到别人的支持和尊敬。

很多在涉足新的领域之前，总是说："我对这个领域不熟悉，等我学会这方面的知识再说吧！"最后，他们将永远也不会踏入新的领域，因为他们把学习和做事分成了两个阶段。自学没有毕业的说法，学到什么程度就可以从事工作了，没有一个衡量标准，你也就永远不会投入到工作中，最后只能放弃。正确的做法是一边工作，一边搜集资料，一边学习。在工作的过程中学习，还可以把学到的知识立刻在实践中应用起来。

搜集资料的时候，你可以把资料进行分类处理。比如，按照重要程度分为重要信息、一般信息和无关紧要的信息。有了主次之分，你就能更好地掌握这些信息，学习起来更容易，工作压力也更小。

如果你面临的是新的客户，那么你就要把注意力放在客户身上，搜集客户的相关信息和资料。工作的任务最终是为了满足客户的需求，因此要思考怎样才能满足客户的需求。首先，要了解客户的基本情况：客户是怎样的公司或个人？他们处于什么样的市场？客户熟悉这个领域吗？从事这个领域多长时间了？他们清楚自己想要什么吗？客户为了事业发展自愿委托你做这项工作，还是为了生存不得不委托你做这项工作？如果客户是自愿的，说明他们比较理性，对你工作的要求也会很高。如果客户为了生存而不得不委托你，那么他们对你的要求不会太高。你还要了解他们对你的工作的态度，比如，以前有过类似的委托吗？他们会参与你的工作吗？他们会监督你的工作吗？了解这些问题之后，你就对自己将要处理的工作心中有数了。

此外，你还应该了解客户的成长背景、企业文化以及在市场中的地位和影响力。通过阅读他们的网页，你可以了解一些客户对外公开的信息。通过与客户的接待员和助理交流，你还可以了解一些内部情况。这样可以使你再与客户打交道的时候多一点儿自信和控制局面的能力。

如果你刚开始从事新的工作，要同时面临新的项目和新的客户，那么你不仅要了解做什么，还要了解为谁而做。你可能会感到有压力而不知从何下手。其实，只要按部就班地从两方面着手搜集信息，要想顺利完成任务也并不难。如果你的工作需要很强的专业技能，你可以参加一个专业技能培训班，进行一次快速充电。结识一些这个领域的专家，遇到问题可以向他们请教。

学无止境，在工作中的学习要比在学校中的学习更重要。在工作中，你得到的信息越多，就会越得心应手。专业技能也是在不断吸取新资讯的过程中提高的，获得的资讯越多，在工作中的表现就越好。如果你需要面对客户，还要掌握客户的各种信息。只有对客户有充分的了解，才能给客户提供满意的服务。

总之，如果你对自己的事业发展负责，那么你就应该积极地阅读各种资料，掌握各种信息，提高自己的专业素质。

减少阅读量的方法

虽然掌握速读方法之后能够快速处理大量信息，但并不是说处理的信息越多，阅读能力就越强。优秀的阅读者还应该懂得筛选鉴别，从众多阅读材料中找出对自己有用的材料认真阅读，把那些对自己没用的材料淘汰掉。我们没必要花费时间和精力去阅读那些对自己没用处的资料。聪明的阅读者应该尽一切可能减少阅读量。

减少阅读量的第一个方法就是扔掉垃圾文件，从大量文件、报告和备忘录中筛选出值得阅读的材料。如果你是公司的领导，办公桌上肯定会经常堆满各种文件、报告和备忘录。堆积如山的阅读材料，看到就让人头疼。在无形中，它们会给你的工作造成压力。事实上，在那些文件中很大一部分是与你无关的内部文件和浪费时间的广告邮件。这些没用的文件完全可以扔进垃圾箱里。这样一来，你的阅读任务就少了很多。

当你收到一份报告或备忘录的时候，立刻对它们进行快速浏览，判断是否对自己有用。如果是没用的材料，不要犹豫，立刻把它们扔进垃圾箱里。否则，如果你把它们放在一边，即使不看，也会给你造成阅读压力。

有些文件看似和你有关，实际上只是需要你作出决议，之后就和你没有任何关系。因此，这类文件的重要性和处理它们的紧迫感就会降低。处理这类文件的时候，你可以根据情况，要么扔进垃圾箱里，要么在正式工作之前用最短的时间把它们处理掉。

还记得道格拉斯·贝德尔的理论吗？如果事情真的重要，迟早会有人通知你。如果你不确定某份文件是否对你重要，你可以先把它放在一边待定，或者安排在阅读计划的最后。如果有人提醒你处理那个文件，说明那个文件应该得到关注了。

最后，要检查文件中的信息是否能帮你解决问题，在你需要的时候是否有效？信息是否已经过时了？如果一份看似有用的文件已经过时了，对你来说就和垃圾一样，没有必要在那上面浪费时间和精力。把过时的文件扔进垃圾箱，你的阅读量又会减少一些。

接下来，把所有需要你关注的文件、报告和备忘录收集起来，数一数页码，估算一下看完这些内容大概需要多少时间。然后快速浏览这些文件，分清主次，排出阅读顺序，制订阅读计划。

浏览文件的时候，注意这些文件是否有相似之处，是否有些文件来自同一个人或同一个部门？对待这些文件，是否只看其中一份文件就够了？是否有些文件不请自来？这些文件对你来说重要吗？如果不重要，是否可以忽略不看？你还可以研究文件的结构，掌握文件的结构和写作套路有利于你快速找到文件中的重点信息。比如，很多文件都会在文章的开头和结尾部分概括文章的核心内容。如果你只阅读文件的开头和结尾部分能否充分理解文件的内容？如果可以，何苦再浪费时间和精力阅读全文呢？掌握了一般文书的写作套路，你就能很快找到哪部分是你需要阅读的内容，哪部分内容可以忽略不看，这样就可以使阅读量大大减少了。

在一份文件中，值得关注的信息可能只有几段话，甚至几句话。如果你能快速找出文章中的关键句子，就可以省去阅读其他内容的时间。这需要辨析和筛选文中重要的信息以及对文章内容进行归纳和概括的能力。有时，文章中几段话都在反复论证一个问题，如果你只是想了解作者的观点，就没有必要仔细阅读作者的论证过程，概括出作者的主要观点就行了。

有时候，和相关人员交流一下，可以省去很多阅读文件的时间。一般情况下，交给你文件的人都比较了解文件的内容。因此，当你在接到一个文件的时候，最好问问给你文件的人，这是一个关于什么的文件，主要内容是什么？了解文件的主要内容之后，你就清楚应该如何处理它。如果是一份不重要的文件，你可以等时间充裕了再做处理。如果文件的内容很重要，别人对你的讲述好比做了一次预览，你再阅读的时候就会更加轻松。

如果第一次阅读没有吸收文章的信息，或者没有理解文章的含义，就需要再读一次。重复阅读会加大我们的阅读量，浪费阅读时间。由于精神状态不好，阅读环境嘈杂或者其他一些因素，阅读完一篇文章之后，我们没有掌握文章的主要内容，不得不重新阅读一遍。如果每篇文章都要阅读两遍，我们的阅读量就增大了一倍。因此，在阅读时一定要保证阅读效率，争取阅读一次就掌握文章的主要内容，避免重复阅读。

此外，在做阅读计划的时候，还要考虑时间的安排。马上就要用到的阅读材料排在前面，几周以后才会用的材料排在后面，这样可以避免重复阅读。如果现在阅读以后才会用到的材料，到时候就把材料内容忘记了，还得重新阅读，反而会加大阅读量。

为了避免忘记以前读过的内容，在阅读的时候一定要做笔记，把重要信息摘录出来，在文件上用下划线或圆点等符号把重要信息标记出来，在文件的边白处标注出你的理解和疑问。笔记和标注可以加深你对文件的印象，就算遇到问题需要重新阅读，也能立刻找到重点信息。

小练习：

分层筛选阅读材料：

第一步：以对自己有用为原则，从大量阅读材料中筛选出可以阅读的书。

第二步：以符合自己的阅读目标为原则，从可以阅读的书中筛选出值得阅读的书。

第三步：以能帮助自己解决实际问题为原则，从值得阅读的书中筛选出必须阅读的书。

经过三层筛选，你的阅读量就大大减少了，同时，各类书籍对你的重要性也被区分出来了，你可以按照一定的顺序去阅读。

第二章

学习型阅读

散文的阅读技巧

散文是指与诗歌、小说、戏剧并列的一种文学样式，指在真人真事基础上以叙事、写人、咏物、写景、抒情为主的文体。散文是一种自由的文体，作者可以灵活地抒发自己的见闻、感受和观点。

散文的特点是"形散神不散"。"形散"是指文章的结构、选材、表达方式、语言风格不拘一格，丰富多彩。文章的形式活泼自由，如行云流水，运笔成风，可以谈古论今，思接千载，可以写景状物，借景抒情，可以叙事说理，辨明是非。"神不散"是指文章有一个贯穿始终的主题，不管采用什么形式都围绕一个中心进行叙述，也就是有一个"文眼"。"文眼"是点明或暗示中心思想的词句，它是文章内容的灵魂，也是文章结构的枢纽。

阅读散文的第一个要领就是抓住文眼，理清文章的线索。抓

153

住文眼是读者掌握散文精髓的关键。散文的形式很散，因此，我们有必要抓住文眼，理清文章的线索，否则读到最后会感到不知所云。散文的神不散，有一个贯穿始终的"文眼"可以把握，这就提出了抓住文眼，理清线索的可能性。

文眼，顾名思义对文章起到画龙点睛的作用。文眼有一些特点可以把握。文眼可以是一个字、一句话、一个细节，可以是一景一物，通常是一些说明性、说理性、抒情性或象征性的文字，它经常出现在文章的标题中或出现在文章的开篇和结尾，偶尔也会出现文章的中间。有时文眼出现在文章中会与标题相照应，有时会在文章中出现多次，前后照应。抓住了文眼，才能领会作者写作的缘由和目的。抓住了文眼，也就掌握了文章的中心，也就理解了文章要表达的主题思想。

虽然散文的形式不拘一格，但是一般来说都有一个贯穿全文的线索。散文的线索可以是物件、时间、空间、事件、情感等。一个线索把文章的段落结构贯穿起来，形成统一、和谐的整体。比如，巴金的《灯》以物件为线索，杨朔的《荔枝蜜》以情感变化为线索，刘白羽的《长江三日》以时间为线索，朱自清的《绿》以空间为线索。阅读散文时要从整体观察文章，找出文章的线索，捕捉行文脉络，弄清楚作者从哪几个方面、哪几个角度来写景、叙事、抒情或说理。这样就能从宏观上掌握文章的基本内容，弄清楚文章的结构层次和基本思路。

散文都有一定的意境，"意"是作者所表达的思想感情，"境"是作者所描述的事物。因此，每篇散文都有两方面的内容，一是作者所描写的客观事物，可以是景物或事件；二是作者对景物或事件的主观感受。在阅读散文的时候，要仔细体会作者所描写的事物和作者所表达的思想感情。不管是借景抒情，还是托物言志，都是客观事物与主观感受的结合。在阅读的时候，要弄清楚作者借的是什么景，抒的是什么情，托的是什么物，言的是什么志。明确了客观事物和主观感受这两方面的内容，也就掌握了文章的主要内容和中心思想。

客观事物与作者的主观感受是统一的关系。作者对生活的认识、感受、态度和见解都是建立在客观事物基础上的。阅读时要注意领会二者的一致性，正确理解作者的观点、态度和思想感情。

散文所描绘的意境通常是优美的。阅读时，充分运用想象力，在头脑中展现出作者所描绘的一幅幅生动的画面，品味当时的情景，体会作者的心情，你会获得美的享受。散文常常从人物和事物的小处着笔，以小见大，表现主题。作者常常对所写的事物进行细致地描绘和精心地刻画。

散文的语言是优美而充满诗情画意的，优秀的散文读起来朗朗上口。散文的语言接近口语，但是又能表达出深刻的哲理。阅读时要分析语言的准确性、生动性。由于作者不同，散文的语言风格也会不同。不同的语言风格能够传达出不同的韵味和意境。欣赏散文的时候要注意揣摩不同的语言风味。比如，朱自清的散文清新隽永；冰心的散文明丽典雅；鲁迅的散文精炼深邃；刘白羽的散文语言狂放；孙犁的散文语言质朴。同一个作者所写的不同文章，由于内容不同，语言风格也会有差异。比如，鲁迅的《纪念刘和珍君》语言锋利，《好的故事》语言绚丽，《风筝》语言凝重。体味不同的语言风格，可以加深对文章内容的理解。

探讨散文的写作手法，可以帮你更全面地了解这种文体。在阅读的过程中，你可以从作者的立意、选材、谋篇布局等角度探究散文的写法。思考文章是如何开篇的，如何展开叙述的，如何结尾的？文章的主题是如何确立、发展、完成的？作者是如何运用联想和想象使文章内容丰满起来的？带着这些问题阅读散文，读完之后回答这些问题。最好写写读书笔记和文章评论，这有助于你更好地掌握文章的结构，更好地理解文章的内容。

要想透彻地掌握散文文体，最好仿照优秀的散文作品亲自写一两篇散文。有了写作体验之后，你再阅读的时候，就能更好掌握作者的写作思路，快速找到文眼，理清文章的线索。

记叙类文章的阅读

记叙文是以记叙为主要表达方式，通过记人、叙事、写景、状物来表达中心思想的文体。记叙文主要叙述和描写社会生活中的人、事、景、物的情态变化和发展。古代的记、传、序、表、志等，现代的消息、通讯、报告文学、传记、回忆录、游记、小说等，都属于记叙文的范畴。

阅读记叙文时，应该从三方面对文章进行分析和理解。第一，要把握文章的基本要素；第二，理清记叙的顺序和线索；第三，理解记叙、描写、议论和抒情在文章中的作用。

记叙文包括六个基本要素：时间、地点、人物、事情的起因、经过、结果。记叙文，顾名思义，是记叙事件的文体，有了这六个要素，就可以把事件支撑起来。无论是记人、叙事，还是写景、状物，如果没有这些要素，就是不完整的。但是，并不是说每篇记叙文都要完全具备这六个要素。如果有些要素是读者熟知的，只要不影响读者对文章的理解，也可以不写出来。

阅读记叙文时，这六个基本要素是掌握文章内容的基础和关键。了解了人物活动和事件的发展过程，就掌握了文章的主要内容。时间和地点是事件的背景，把握时间和地点要素，要和大的时代背景联系起来，还要注意随着事件的发展，时间和地点的转化，注意不同时间和地点的内在联系。

人物是事件的主人公，把握人物要素时，要分析人物的肖像、语言行动、心理、神态等所反映人物的性格特征。比较复杂的记叙文往往不只写一个人，分析人物时还要弄清各个人物之间的关系，弄清主要人物和次要人物在事件中的作用。思考作者为什么要塑造这些人物，揣摩作者的写作思路。

阅读记事的文章，当然还要弄清事情的起因、经过、结果，把握事件的来龙去脉，分析事件的意义和它体现的中心思想。不仅要了解事件的发生、发展和结局，还要挖掘事件的深层含义，理解作者想通过事件所要表达的主题思想。

分析文章记叙的事件表现了什么，思考作者的取材和材料详略的安排，体会作者所要表达的观点和感情倾向。在一个长篇的记叙文中，作者并非只写了一件事，而是通过多件事来表达一个中心思想。在阅读时，应该概括每件事的内容和意义，然后把事件联系起来思考，看看这些事件共同表达了什么样的主题思想。

记叙文的六个要素不是互相孤立的，而是相互联系的。在阅读时，不要片面分析某个因素而忽视其他因素。在分析六要素时，还要与作者的观点和文章的主题结合起来理解。

接下来，要理清记叙的顺序，辨明记叙的线索。

记叙文主要是记人叙事，作者为了表达主题思想需要按照一定的先后顺序对故事情节进行主次详略的安排。可以按照时间的先后顺序来写，就是常见的顺叙的手法，也可以打破时间的先后发展顺序，比如，先交代事件的结果再写原因和经过，这就是倒叙的手法。还可以在叙述过程中，暂时中断，插进另外一段故事，然后继续原来的叙述，这就是插叙的手法。顺叙、倒叙、插叙的叙述方式是记叙文的一大特点。判断叙述的方式比较容易，如果事件的时间出现错落的现象，那么文章中就可能运用了倒叙或插叙的手法。不管作者用什么叙述方式，都是为了将材料构成一个有机整体，更好地表现自己的中心思想。在阅读的时候，要考虑作者为什么采用这样的叙述方式？这样的叙述方式对表达中心思想有什么帮助？

不管运用哪种叙述方式，都应该有一条清晰的叙述线索，把文章的各个部分连接成有机的整体。和散文的线索一样，记叙文的线索也可以是物件、时间、空间、情感的变化等。阅读的时候抓住这些线索，就能对文章的结构有一个清楚的认识。准确把握文章的线索，要分析材料之间的联系，线索就是连接各部分材料的纽带，使文章成为一个统一的整体。线索也是作者写作思路的体现，抓住线索也就明白了作者是按照什么思路进行写作的，明确了这一点，你就能更好地理解作者的思想感情。

通过理清顺序，辨明线索，从整体着眼，分析文章的结构。结构是文章的骨架，也就是布局谋篇。根据文章的叙述顺序和线索划分段落，概括段意，分析文章的层次、过渡、伏笔、照应、开头和结尾，联系上下文，理解重点段落和关键语句含义及作用，归纳文章的中心思想。

记叙文最常用的表达方式当然是记叙，除此之外，描写、议论、抒情等表达方式可以使文章声情并茂，更加富有表现力。分析描写、议论、抒情在文章中的作用，是我们理解作者思想感情的重要途径。作者着力描写的地方是最能体现文章主题的地方，尤其是对一些细节的描写往往能透露出作者的意图和思想感情。议论和抒情则直接表达了作者对人物和事件的评价、态度和感情，表达了作者的思想倾向。议论和抒情绝不是空穴来风，建立在记叙和描写的基础之上。各种表达方式之间是有内在联系的，进行阅读分析的时候不能割裂开来。

要想把文章读活，还要懂得怎样去写。阅读文章的时候，仔细分析文章用了哪些表达方式和修辞方法，品味哪些地方写得好，好在哪里。读完一篇文章之后，写读后感，写读书评论或模仿作文。这样不但可以加深对文章的理解，而且可以把文章中的东西真正化为自己的。平时还要注意摘抄文章中的名句名篇，积累词汇和各种表达方式、修辞方法。

说明文的阅读

说明文是以说明为主要表达方式来解说事物、阐明事理，从而传达给人们某种知识的文章体裁。说明文实用性很强，它包括广告、说明书、提要、提示、规则、章程、解说词、科学小品等。

说明文一般介绍事物的形状、构造、类别、关系、功能，解释事物的原理、含义、特点、演变等，揭示事物的特征、本质及其规律性。说明文的应用广泛，一般分为平实说明文和文艺说明文两大类，也可依据说明对象与说明目的的不同，把说明文分为事物说明文和事理说明文两大类。

　　任何说明文都有其说明的对象，一般来说，说明对象的特征和本质也就是说明文的中心。因此，阅读说明文的目的和任务就是明确说明对象，抓住说明对象的特征和本质。说明文的对象比较容易找到，通常文章的题目就是说明的对象。比如，《南州三月荔枝丹》的说明对象就是荔枝，《向沙漠进军》的说明对象就是沙漠。因此，阅读说明文首先要审题，通过审题不但能知道说明对象是什么，而且根据标题判断文章的类型是事物说明文，还是事理说明文。

　　只有准确把握说明对象的特征和本质，才能真正理解说明对象，才能真正领会作者的写作意图。要想把握说明对象的特征和本质，必须认真阅读、理解课文内容，尤其要注意仔细揣摩关键词句。说明对象的特征和本质有时可以用一句话概括出来。这种总结性的句子常常出现在文章的开头或结尾。此外，还要关注过渡句、体现作者思路的句子以及文章中反复出现的句子。

　　说明文的一个重要特点是结构上的条理性。事物和事理有时往往是比较复杂的，为了给读者以明确的认识，说明其特征时必须有一定的条理和顺序。了解段落之间的关系，理清说明的顺序。说明的顺序与说明对象的特征和本质有直接的关系，作者就是根据说明事物的特征和本质对说明内容进行先后顺序的排列。

说明顺序主要有时间顺序、空间顺序和逻辑顺序。时间顺序通常用来说明具体事物和历史事件的发展变化过程。这类说明文一般有明显的标志时间的文字，比如，开始、然后、过了一会儿、最后等。空间顺序通常用来说明建筑物结构或参观景区的顺序。这类说明文一般有明显的标志方位的文字，比如，上下、左右、前后、东西南北等。逻辑顺序通常用来说明事物的内部联系，说明事物的特性、种类和功用。比如，先概括后具体，先整体后局部的顺序。

说明顺序往往体现在文章的结构层次上，所以阅读说明文时，理清结构层次与把握说明顺序是一致的。说明文的结构并不复杂。常见的结构形式有"总（概说）——分（具体）"式、"总（概说）——分（具体）——总（概说）"式、"分（具体）——总（概说）"式、并列式、递进式等。阅读之前在各个自然段前面标上序号，阅读时找出段落的中心句，归纳出段落大意。在阅读的过程中分析段落之间的关系，划分结构层次。理清说明顺序和文章的结构，可以帮助我们了解作者的思路，更清晰地领会文章中心。

阅读说明文还要判断作者所运用的说明方法，并分析其作用。常见的说明方法有八种：下定义、分类别、作比较、列数字、引资料、画图表、举例子、打比方。各种说明方法的作用如下：

1. 下定义：使读者对概念有确切的了解。

2. 分类别：使说明的内容条理清楚，避免重复交叉的现象。

3. 做比较：用人们熟知的事物与所要说明的事物作比较，从而突出被说明事物的特征。

4. 列数字：可以准确地说明事物。

5. 引资料：能使说明的内容更具体、更充实。

6. 画图表：使读者一目了然，非常直观地理解被说明的事物。

7. 举例子：可使读者对说明对象的特征获得具体、直观认识。

8. 打比方：可达到形象生动地说明事物的特征。

说明方法是为说明对象服务的，在分析说明方法的作用时要与说明对象联系起来，不能脱离说明内容而谈说明方法。在阅读的时候，不但要考虑作者用什么样的说明方法，说明什么对象，起到什么作用，还要分析作者所用说明方法是通过什么样的语言形式表达出来的，这样才能透彻地了解作者的写作意图。

阅读说明文时还要体会语言特点，说明文语言的主要特点是准确、简洁。说明文的内容具有科学性，语言必须真实准确，以确凿的材料为依据，如实反映客观事物的特征、本质及规律。说明文的实用性很强，语言表达"失之毫厘"，其结果就会"谬以千里"，所以说明文语言要准确无误地向读者介绍事物，传达事理。明确的语言表达确定的信息，限定性的语言表达不确定的信息。因此，在阅读说明文的时候，要注意分析限定性语言在表达中的作用，要注意表达推测和估计的词语在表达中的作用。正确理解文章所表达的意思，不要凭借自己的想象更改原文的内容。

说明文的语言虽然强调真实性，但是说明文并非都很呆板枯燥。说明文的语言风格可以多种多样，有的以平实见长，有的以生动活泼见长。以此为标准，可以分为平实说明和生动说明两种风格。一般来说，以说明事物为主的说明文，重在抓住事物的特点，用简明的语言平实地加以说明，而科学小品，讲究趣味性、文艺性，需要做必要的生动、形象的说明。

阅读说明文的目的就是获得知识，也就是弄清楚说明对象的特征和本质。读者应该在整体感知文章内容的基础上，分析文章的顺序、结构、说明方法和语言特点，从而把握说明对象的特征和本质。

议论文阅读

议论文又叫说理文、论说文，是通过讲道理、摆事实直接表达作者的见解和主张的文体。议论文的表达方式主要是议论，文章的内容具有理论性，结构具有逻辑性，语言具有概括性。议论文有多种形式，比如，政论文、评论、杂文、学术论文等。

阅读议论文时，重点要掌握议论文的三要素：论点、论据和论证。完整的议论文必须含有这三个要素。论点是作者所要表达的主要观点和主张，论据是作者用来证明论点的事实和道理，论证是用论据证明论点的过程和方法。要想读懂一篇议论文，你只需问自己三个问题：

1. 作者的论点是什么？

2. 作者是用什么来证明的？

3. 作者是怎样证明的？

作者的论点也就是文章的中心思想，作者通过论点明确地表示自己拥护什么，反对什么，鲜明地提出自己的看法，不能模棱两可，似是而非。阅读议论文的时候，抓住论点也就抓住了文章的主题思想。文章的中心论点一般出现在开头部分，有时也出现在中间或结尾部分。阅读议论文关键是掌握中心论点。中心论点如果出现在文章的开头，其作用往往是总领下文；如果出现在全文的结尾，其作用常常是总结全文，照应开头；如果出现在文中某处段落，则应是承上启下过渡用的。中心论点在形式上是一个完整的句子，在内容上是全文所论述的中心。一篇文章只有一个中心论点，这个中心论点就是文章的灵魂。有时需要用几个分论点来支持中心论点，中心论点起到统率分论点的作用，二者是总分的关系。

论据主要有事实论据和道理论据。事实论据是具有代表性的事例、史实或有典型意义的故事。事例和故事必须真实可靠、有典型意义、能够说明问题。议论文中的事例是为证明论点服务的，一般简明扼要。道理论据指经过人们的实践检验的，为社会所公认的正确理论，包括社会科学理论、如哲学理论，也包括自然科学的原理、定律、公式及广为流传的谚语、名言警句等。道理论据一般逻辑严谨，与论点有必然的逻辑关系。通过阅读论据，你可以更好地理解论点。在阅读时，要思考作者所列举的事实和道理能否证明作者的论点，是否充分必要的。如果作者的论据不足以证明论点，那么作者的观点也就不可信。

从论证方式来看，议论文可以分为立论和驳论两种。立论是指针对一个问题或一个事件正面提出自己的见解和主张。驳论是通过批驳错误的观点，从反面树立自己的观点。反驳的方法有驳论点，直接揭露对方观点错误之处；驳论据，如果对方的论据是错误的，那么对方的论点也就站不住脚了；驳论证，如果对方的论证过程有问题，那么论据就不能证明论点。

阅读议论文，要能够指出作者使用了哪些论证方法。议论文的论证方法很多，比如，例论法、引证法、对比论证法、比喻论证、类比论证、归谬法。例证法就是用事实作为论据来证明论点；引证法就是引用名言警句、定理法则来证明论点；对比论证是把相对或相反的观点进行比较来证明论点；比喻论证就是运用比喻修辞手法来证明论点，使读者更容易理解；类比论证是把同一类事物或问题进行比较来证明论点。此外，还可以运用数字和图表来论证。一篇议论文往往是综合运用多种论证方法。

阅读议论文还要分析论证过程，把握文章结构。议论文的论证过程按照提出论点与论据的过程，可以分为演绎论证和归纳论证两种。演绎论证就是先提出中心论点，然后提出证明论点的事实和道理；归纳论证就是先摆事实讲道理，然后归纳总结出中心论点。

议论文的基本结构是提出问题、分析问题、解决问题。提出问题又叫"引论"，对问题进行分析，树立自己的观点又叫"本论"，通过分析得出结果，又叫"结论"。议论文结构根据表达的内容的逻辑关系可以分为"横式"和"纵式"两大类。论证部分是从几个方面用几个分论点去证明总论点的就是"横式"结构，主要有"总分总式""总分式""分总式"。如果是顺着事物的内在联系，论证时层层推进的就是"纵式"结构，主要有"层进式""起承转合式"。

阅读中把握议论文的语言特点，体会作者遣词造句的用心，读懂某些词语在一定语境下的意义及其作用。议论文的语言具有准确性、严密性和逻辑性。不同风格的议论文具有不同的语言特点。理论性议论文的语言比较严肃，杂文的语言比较幽默，驳论文的语言常用反语、反问、排比等修辞方法。有些议论文的语言还能以情感人。

鲜明、简洁、概括性的语言就有说服力和感染力。在阅读时，我们要结合语境，分析关键词在特定情景下的表达，体会词句在论证过程中的作用。关注文中的动词，体会差别微细的语气词，关注关联词以及表示程度、频率、修饰、限制性的副词，结合具体的语言环境分析他们的特点。

阅读议论文应该从六方面着手：论点、论据、论证方式、论证方法、文章的结构、语言特点。明确文章中的中心论点和分论点是什么，作者的论据都有哪些，运用了哪种论证方式和哪些论证方法，文章的结构和作者的写作思路是怎样的，文章的语言有什么特点。弄明白这些问题，也就透彻地读懂了一篇议论文。

古文阅读

现在人们过于热衷学英文，而忽略了古文的学习和阅读。在这个国际化的时代，阅读古文还有意义吗？答案当然是肯定的。首先，古文是了解中国历史和文化，开启中国传统文化智慧大门的钥匙。中华民族的历史和文化都是用古文记载下来的，只有阅读古文，我们才能更好领会孔孟之道，才能欣赏唐诗宋词，才能品味原汁原味的二十四史。掌握了古文阅读技巧，就找到了通往传统文化知识宝库的桥梁。其次，阅读古文可以提高文学修养和个人素质，所谓"腹有诗书气自华"，阅读经典古文和古诗词可以帮我们奠定良好的文学功底。

古文和现代文在字音、词义和句式等方面有很大的差别，在阅读古文的时候要具备准确把握字音、词义和句式的能力。如果不能正确把握它们的音、义，在阅读理解上就会碰到障碍。

在字音上，古汉语中有些字由于使用了通假手法，通假字与本字读音相同或相近，比如"今者有小人之言，令将军与臣有郤"（《鸿门宴》），其中"郤"通"隙"，二者古音相同。又如"便要还家"（《桃花源记》）中，"要"是通假字，而其本字是"邀"。在古文中通假字为数不少，需不断积累。需要特别注意，有些字在不同的语境中的读音有所不同，如"有""被""语""夫"等常用的古汉字。名词用作动词的时候读音也会有变化，比如"雨"。还有朗读中的连读、重音、节奏等如把握不好也容易引起理解上的错误。准确掌握古汉语的这些特点，对于扫除阅读障碍，提高理解能力有着十分显著而有效的作用。

在阅读古文的时候，你会发现很多陌生的字词，如果不明白这些字词的意思，显然会妨碍理解全文的意思，因此阅读古文要学会推断词义。如果是在阅读过程中遇到生难字词，千万不要不知所措，下面几种方法可以帮助你推断词义。

1. 联系上下文推断词义。比如，"小则获邑，大则得城"（《六国论》）中的"邑"，如果你不知道是什么意思，可以通过下文的"城"对比得知，"邑"是小城。

2. 根据词在句子中的语法地位来推断词义。比如，"范增数目项王"（《鸿门宴》）中的"目"，在文章中带宾语，可见是名词用作动词，不能理解为"眼睛"，而应该理解为"用眼睛示意"。

3.根据字形推断词义，汉字中的形声字占90%以上，很多情况下，我们根据字形来推测词义可以猜个八九不离十。比如，《念奴娇·赤壁怀古》中的"樯橹灰飞烟灭"中的"樯橹"，我们知道"橹"是木制的船具，根据字形，可以推测"樯"也是类似的船具，两个字联合起来用局部代替整体，指代战船。

4.根据同义并列和反义并列推断词义。比如，"存亡之理"（《六国论》）中的"存亡"是反义并列，"悖乱不可以持国"（《察今》）的"悖乱"是同义并列。

在古汉语中，有一类词汇必须特别记住：那就是古今异义字（词），比如"牺牲""妻子"等。理解这些词并不难，因为在古文中都是每个字代表一个词，几乎没有多字词。在阅读的时候注意不要被现代文的思维束缚就可以了。此外，那些出现了词性活用情况的字词当然也需要记住。在多数情况下，你还可以通过一定的语境来猜测字（词）义，如，利用生字的重复测字（词）义，利用词与词的对比和类比了解词义。

在阅读古文的时候，我们对自己熟悉的短句很容易明白句子的意思。一旦遇到稍长一点儿的句子或是特殊句式，就很难把握句子所传递的信息。其实，所有的句型都是由基本句型演化而来，只不过是所带的附加成分比较多而已。阅读时只要能注意整个句子的结构并分清各成分之间的关系，就能把握句子的意思了。最常见的特殊句式有倒装句、省略句、判断句等，我们必须了解这些句式的译法才能避免误解其意。

在刚开始阅读古文时，可以找一些简单的篇章。随着学习内容的增加，文章的难度可以逐步加深。有人可能会产生一种误解，认为只有理解了每一个字、词、句才能理解整篇文章。其实并非如此，古文资料浩如烟海，即使是专家学者也未必能对每一个古文字、词都了如指掌。我们在阅读古文时应该集中精力去理解关键词和核心内容，不必一遇到理解不了的字词或句子，就停下来思考其含义，以至于裹足不前，妨碍了阅读理解和速度。正确的做法是遇到生字词或难懂的句子时接着往下看，也许读完全文之后就会明白前面文章的意思。

在阅读时，只要能把握文章的关键词或关键句子，结合全文内容来思考，就可以在大体上掌握文章的主要内容。阅读古文时，同样应该做一些笔记，在文章中把一些重点问题和疑难问题勾画出来，在笔记本上记录下你从文中学到的东西，以便将来进行复习。

阅读古文的能力不是一两天可以培养起来的，阅读技巧是在大量的阅读训练中总结出来的。古语云："熟读百遍，其义自见。"况且古文大多语言优美，句式整齐，韵味十足，读起来朗朗上口，很适合朗读。在朗读的过程中，细细品味，久而久之，对古文的阅读理解水平上一定会有所突破。

小练习：

推荐阅读《古文观止》。在阅读过程中注意一些字的字音变化，运用上面提到的方法推断生词的词义，判断长句的句式，准确把握文章的意思。

考试阅读题

　　无论是语文考试，还是英语考试，阅读理解题都占了很大比重。很多人因为阅读题失分太多而拿不到好成绩。考试阅读题是对阅读能力的检验，只有快速、正确理解文章的意思，才能取得好成绩。

　　阅读理解题考查的内容主要有：对文中重要词语意思的理解，对文中重要句子含义的理解，筛选并整合文中信息的能力，分析评价作者在文中的思想感情和观点态度，鉴赏文学作品语言特点和表达技巧。所谓"重要词语"也就是文中的关键词，是文章所重点陈述的对象；所谓"重要句子"就是全文的中心句，反映文章的主题思想；筛选并整合文中信息就是按一定标准找到相关语句，并按要求总结段落大意和中心思想；分析作者的思想感情和观点态度，就是理解文章的感情基调，弄清楚作者对事件的观点和态度，并分析作者观点的对错；鉴赏文学作品就是要分析语言风格和写作技巧。

　　阅读题的常见题型可以分为客观信息题与主观判断题两种。客观题一般是选择题和判断题，从词语、句子所传递的信息，作者对信息的观点和态度，以及读者根据文本信息可以作出的推断评判三个方面命题。主观题侧重于考查对文意的理解，对信息的筛选归纳整合，对表达手法的分析评价，对作品形象的鉴赏，对作者观点态度的评价等。客观题注重于对文章所传递的信息的掌握，主观题偏重于对文章深层含义的理解和表达。

　　通过前面的学习，你已经知道在阅读一篇文章的时候，应该先预览全文，这样可以掌握文章的大体内容，了解文章的主题和整体脉络。在做考试阅读题的时候，同样应该先预览全文，快速搜索文章的主要信息，对文章的内容有了一个总体的了解和全面的把握。

完成预览之后，还不能正式阅读文章，接下来应该看文章后面的问题。首先要阅读题干，掌握问题的类型，分清是客观信息题还是主观判断题。客观信息题一般可以从文章中直接找到答案；而主观判断题考查的是对文章的感情基调，作者间接表达的观点，文章中隐含的意思以及贯穿全文的中心主旨的理解等。这类题必须经过对作者的态度、意图以及对整篇文章进行深一层的推理才能回答正确。其次，阅读试题题干和各个选项中的信息，然后带着这些信息有针对性地对文章进行扫读，对有关信息进行快速搜索，然后将相关信息进行整合、鉴别、分析、对比，根据文章内容的提示排除错误的选项，选出正确答案。这种方法可以加强阅读的针对性，帮你快速找到问题的答案，而且提高了做题的准确率。

快速解决客观信息题之后，要仔细阅读全文，细心揣摩疑难语句，依据上下文章之间的提示信息，将作者要表达的意思彻底弄明白。这些疑难语句往往是导致我们出现错误的地方，是让我们对文章产生迷惑的地方，一定要认真仔细地阅读，弄清楚每句话、每个字词所代表的意思。文章绝不是一堆毫无关系的句子的杂乱堆砌，每篇文章都有内在的逻辑结构。在仔细阅读时，要理清文章的脉络，把握文章的结构。这样就能从整体上理解作者是怎样表达自己的观点的，有助于帮助我们更深刻地理解文章的内容。

　　阅读的目的是获取信息。一个人的阅读能力的高低决定了他能否快速高效吸收有用信息。阅读能力一般从阅读速度和理解能力两个方面表现出来。考生在做阅读题的时候不但要准确地理解文章的意思，而且要保证较快的阅读速度，必须在十分有限的时间完整对文章的理解和对题目的解答。因此，阅读时就需要结合略读、扫读、跳读等技巧快速阅读，搜寻关键词、主题句，捕捉顺序、结构、语言、情节、人物、观点，并且理清文章脉络，把握文章的主题。

　　回答主观判断题的原则是围绕中心思想，而中心思想往往可以从主题句中找到答案。因此，抓主题句是理解文章内容的关键步骤，是快速掌握文章大意的主要方法。主题句对全文内容起提示、启迪、概括、归纳的作用，主旨大意题，归纳概括题，中心思想题往往直接可从主题句中找到答案。主题句并不难掌握，一般出现在文章的开头和结尾。用演绎法撰写的文章，大都遵循从一般到个别的写作程序，先提出主要观点，然后进行分别论说，主题句就是文章的第一句。用归纳法撰写的文章，都是表述细节的句子在前，概述性的句子居后。此时主题句就是文章的最后一句。有一些文章没有主题句，需要读者自己去归纳总结。

　　最后，仔细回答问题。注意在回答问题时做到两个兼顾，一个是兼顾题目和文章，一个是兼顾题干和选项。如果看完文章之后，就把文章抛到一边，凭着自己的印象做题，错误率会很高。在做题时，看到题目中所涉及的每个文中语句，都应该反过来联系文章中的具体表述，到文章中去寻找答案，检验题目中的说法，确定你心中的答案，这样才能保证万无一失。

　　阅读理解题是对我们综合能力的考查，在做题时，需要调动你所有的经验、所有的智慧，联系你所学过的所有的知识，有充足的知识做基础才能厚积薄发，轻松地理解文章的意思。因此，在平时我们应该多多阅读，积累阅读的经验，丰富各方面的知识，在考试中面对难于理解的阅读题时，就能应付自如。

小练习：

　　找两套难度相当的语文试题，两套难度相当的英文试题进行阅读训练。

　　第一套题按照以前的方式，直接阅读文章，然后做题。第二套题按照本文介绍的方法，先预览全文，然后阅读题目，再返回头仔细阅读文章，最后兼顾题干与文章，题干与选项，仔细回答问题。比较一下两种方法的结果。

第三章

英语阅读的方法与技巧

英语词汇的词根与前后缀

很多人在阅读英语文章的时候，总是抱怨很多单词不认识，影响对文章的理解。其实，英语词汇的构成有一定的规则，掌握单词的结构，对我们学习更多的词汇很有帮助。

英语单词的语义来自两部分：词根 (root) 和词缀 (affix)。词根大部分来自拉丁，希腊词源，比如，tele 表示"遥远"的意思；vid 和 vis 表示"看"的意思。词缀可分为屈折词缀 (inflectional affix) 和派生词缀 (derivational affix)。前者起语法功能作用，它不改变词性和词义。比如，名词的复数，book—books；形容词的比较级，small—smaller；分词，make—making，go—gone 等。派生词缀可分为前缀 (prefix) 和后缀 (suffix)，一般说来，前缀改变词义，如 stop—nonstop，done—undone；后缀改变词性，比如，develop—development，modern—modernization 等。

屈折词缀比较简单，我们这里只关注词根和派生词缀。根据词根和前缀、后缀，你就可以猜测词汇的意思。比如，你知道"dic"这个词根是"说话"的意思，当你看到"dictate"这个单词时，虽然不认识，但是可以推测与"说话"和"讲述"有关。你知道"essential"的意思是必要的、本质的，虽然不认识"nonessential"，但是通过前缀"non"可以推测这个单词的意思是不必要的、非本质的。后缀出现在名词、动词、形容词和副词的后面起到改变词性的作用。

常见的词根和前缀、后缀列表

词根	含义	举例
audi	to hear	audition
bio	life	bionics
cap; capt	to take or seize	capricious
cide	to kill	genocide
dic	to speak	dictate
fac	do; make	artifact
graph	write	graphite
luc	light; shine	translucent
miss	to send	dismiss
ology	study of	microbiology
path	feeling; suffering	pathos
phono	sound	megaphone
port	carry	portable
scrib; script	to write	scribble; scripture
spec	to look	spectator
tort	to twist	distortion
vers; vert	to turn	conversion
vita; viv	life	revitalize; vivify
voc; voke	to call; voice	vocal; evoke

前缀	含义	举例
表否定含义的前缀		
a−; an−	not; without	atheist; anonymous
anti−	against;	oppositeantifreeze
dis−	not; opposite	disown; disconnect
in−(im−before b,m,p;	not	inactive; immature;
il−before l;ir−before r)		illegal; irresponsible
mis−	wrong	misnomer
non−	not	nonessential
un−	not	unavailable

前缀	含义	举例
表示时间变化的前缀		
ante−	before	antedate
post−	after	postgraduate
pre−	befor	precondition
re−	again; back	reactivatere
tro−	backward	retrogress

前缀	含义	举例
表示地点方向的前缀		
ab−; a−	away from	abduction; amoral
ad−(ac−; af; ag; as;at−)	to; toward	admit; accept; affect agree; assist; attend
circum−	around	circumstance
de−	down	descend
ex−(e−; es−)	out	expend; eject; escape
inter−	between	interview
intra−	within	intrastate
per−	through	perfume
sub−	below	subnormal
super−	above	superhuman
trans−	across	transcend

后缀	含义	举例
表示状态、性质或相关的名词后缀		
−ance	attend	attendance
−cy	constant	constancy
−ence	perfer	preference
−ion	agitate	agitation
−ism	true	truism
−ment	astonish	astonishment
−ness	great	greatness

后缀	含义	举例
表示人的名词后缀 −		
−ee	employ	employee
−er	teach	teacher
−or	instruct	instructor
−ist	pharmacy	pharmacist

后缀	含义	举例
表示"使⋯⋯""⋯⋯化"的动词后缀		
−ate	stimulus	stimulate
−ize	drama	dramatize
−ify	calss	classify

后缀	含义	举例
形容词后缀		
−able; ible	accept; sense	Acceptable; sensible
−ful	beauty	beautiful
−less	shape	shapeless
−ous	courage	courageous

后缀	含义	举例
副词后缀（形容词后缀后面加 ly）		
−ably	acceptable	acceptably
−fully	beautiful	beautifully
−lessly	shapeless	shapelessly
−ously	courageous	courageously

仅仅掌握列表中提到的词根和前后缀还不够，你需要在阅读的过程中不断积累，遇到一个生词，看看这个单词是怎样构成的，词根、前缀、后缀是不是你熟悉的，如果是，推测一下词义，看能否猜对，如果不是，把这个单词的词根、前缀或后缀记录下来，掌握住，争取下次看到的时候，能够认出来。当你掌握大部分词根和前后缀之后，生词就不能对你的阅读造成障碍了。

在阅读中扩大词汇量

单词并非都有前后缀，有些词根加上前后缀之后，拼写发生很大的变化。因此，在掌握词汇的构成之后，还需要在阅读文章的过程中加强对词汇的理解和掌握。在阅读文章时，联系上下文判断单词的含义是扩大词汇的重要方法。

很多人对扩大词汇量的方法存在的误区，认为背词典是扩大词汇量的好方法。事实上，词典只是查词义的工具，并不是学习词汇的好方法。背词典主要是缺乏理解的死记硬背，不能掌握单词在语境中的意义。背词典的人都希望背一两遍就把单词记住，那是不现实的，单词需要反复复习，否则即使当时记住了也会很快遗忘。一个生词你见过 7 次几乎就可以永久记住了。扩大阅读量是你遇见生词的最好的方法。

在阅读过程中遇到生词，不要停下来查词典，应该根据上下文提供的信息推测单词的含义。因为当你停下来查词典的时候，就破坏了语义的连贯性，干扰了对文章整体内容的理解。

在英语中很多单词具有多种词义，如果不联系上下文，你就很难给出单词的准确含义。只有根据上下文传达的信息，才能准确地推断出词义。比如，bank 这个单词含有银行、河岸、飞机和汽车转弯时的倾斜多种含义，必须在特定的语境中才能给出这个单词的确切解释。

1. I keep my money in a saving bank.（银行）

2. They stood on the river bank to fish.（河岸）

3. We saw a bank of light in the distance.（一排，一组）

当你在阅读报纸、杂志或英文书籍的时候，遇到一个生词，首先要搜索语义线索和句法线索，根据语义判断生词的含义，根据句法判断单词的词性。

五种方法可以帮我们根据上下文推测出单词的大意。

1. 根据文章中对单词的直接解释判断词义。当出现一个不常见的单词的时候，有时作者会用同义词代替，有时会使用标志性的词语做提示。比如 that is, is defined as ,namely, in other words 等。有时作者还会用逗号、破折号、括号对某个单词进行解释。比如：

A numismatist – a collector of gold medals – needs considerable capital to get started in business.

2. 根据文章中出现的对比和转折的内容判断词义，表示对比和转折的词和词组有 but, however, yet, in contrast 等。比如：

Her sister was very graceful; Mary however, was quite gauche in social situations.

3. 根据文章中提供的信息和已有的经验判断词义。比如：

Scrooge was such a skinflint that he wouldn't give any of his employees a Christmas gift or even the day off from work.

在圣诞节也不给员工放假的老板当然是很吝啬、很苛刻的人了。

4. 根据前文的一些描述，可以总结归纳出后面一个生词的词义。比如：

There was bitterness in her voice, a scowl on her face, and then an angry reply — as usual, she was in a captious mood as she spoke to the children.

从前文的描述中，可以总结出 captious 这个词是"找碴儿"的意思。

5. 根据文章中的举例说明，获得对生词的解释。作者有时会对一些不常见的单词进行举例说明，这时会使用一些标志性的词语引导出来，比如：

like, for example, for instance。

You can't depend on her: for instance, she arrived late yesterday.

在这句话中，根据后面的举例——她昨天迟到了，我们可以推测她是一个不值得信赖，不足以依靠的人。

用这些方法不一定能准确地推测出单词的意思，但是可以确定单词的大概意思。这对我们理解文章的内容有很大的帮助。在阅读的过程中用这些方法推测出单词的意思，阅读完毕之后查词典，看看自己推测得是否正确。把生词的意思查出来，并在本子上记录下来。否则下次见到它，你还是不知道什么意思，就像你认识了一个陌生人，只记住了脸却不知道他的名字，那么下次见面你还是不能叫出他的名字。

扩大词汇量不是一朝一夕的事，需要在不断阅读的过程中逐渐积累。你见到一个生的次数多了，自然就能掌握住了。

小练习：

准备一个近义词和反义词的词汇集，列举出意思相近、相同或相反的词汇。先靠自己的词汇量尽量多地写出一些单词的近义词和反义词，然后从词典上查找补充。比如：

与 big 意思相近的词有：

_____

_____

_____

与 big 意思相反的词有：

_____

_____

_____

排除句子在阅读理解中的障碍

在英语阅读中，最让人头疼的就是长难句子了。有时候，一句话中所有的单词都是认识，但是这些单词组合成句子就不知所云了。看不懂句子的根本原因是对语法掌握得不熟练，不能准确地分析句子的结构，不清楚主句、从句的关系。掌握语法的最好的办法不是看语法书，而是在阅读过程中，从句子入手，感受句子的组成，看得多了，自然就会形成语感。

句子的基本结构包括主语、谓语和宾语。主语通常是一个名词或名词词组，表明句子中的主要的人或物。谓语通常是动词或动词词组，表示人或物的行为、动作的发生、完成以及可能的想法和感受。大多数句子的主要意思可以通过主语和谓语体现出来。因此，弄清楚两个关键问题可以帮助我们准确把握句子的意思。第一是判断句子的主语，弄清句子主要针对谁或针对什么；第二是判断谓语动词，弄清楚主语是什么，或发生了什么事。

比如：

The internet connects more than 40,000 networks, millions of large multi-user computers, and tens of millions of users in almost every country.

这句话的主语 internet 是叙述的对象，谓语是 connect 表明主语的动作行为或作用。

但是在一些复杂的长句中，主语和谓语并不是可以一目了然地看出来。比如，有些句子含有多个谓语动词，有些句子含有冗长的引导说明，有些句子被一对破折号隔开，有些句子由许多短句共同构成，有些句子含有代词指代。

比如：

Extensive information networks continue to grow both inside and outside business organizations and require better writing skills from a growing number of American workers.

在这个长句中，主语是 Extensive information networks，谓语动词有两个，一个是 grow，一个是 require。连接两个动词的是连词 and。

If you search for an understanding of problems related to depletion of the ozone layer, or crystalline structures in rocks, or materials for superconductors, or metabolism and respiration, or the effects of medications on the body, chemistry is there.

在这个长句中，有下划线的部分都是引导性的信息，修饰后面的中心意思。如果在前面找句子的主语，读到后面就会一头雾水。

有时作者为了表达更多的信息会用破折号隔断句子，加入一些插入语。看到这样的句子需要注意，夹在破折号之间的内容不是句子的主要信息，而是补充的内容。比如下面这句话：

Reports about the production of atomic fission from uranium written by famed mathematician Albert Einstein － who regarded the development of atomic warfare as a perversion of his life's efforts － alerted the U.S. government to potential military uses.

这个长句的中心意思只是黑体字部分，破折号隔开的信息是对爱因斯坦的描述，属于补充的内容，与句子的中心关系不大。

有时一句话由多个短句构成，许多个从句由连接词结合在一起，一个句子表达多层意思。比如下面这句话：

Currently, a heated debate ① is under way between advocates of retaining our drug laws and their opponents, who ② believe that criminalization has failed and ③ encourage adoption of a policy of decriminalization ④ combined with an intensified emphasis on education and therapy.

处理这种长句子的办法是找出句子中的动词，有几个可以做谓语的动词就表达基层意思。这个句子中表达了四层意思，主要动词有 is，believe，encourage，combined。

当一个句子含有代词时，弄清楚代词所指代的内容是理解句子意思的关键。如果弄错了代词所指代的内容，就会给理解句子的意思造成困难。比如下面这个句子：

Although the law is often slow to catch up with changing mores (customs), it usually does catch up with them in democratic societies because the legislators… change the laws to suit the voters' new goals and desires.

分析句子结构之后，你就知道这句话的主语和宾语分别是 it 和 them，因此理解这句话需要弄清楚 it 和 them 所指代的内容，仔细阅读前面的内容，你会发现 it 指代的是 the law，them 指代的是 custom。经过分析之后，就弄清楚了这句话的中心意思：The law usually does catch up with changing customs.

阅读长难句子最关键的就是辨清句子结构，抓住句子的中心，分析从句等附加成分是怎样修饰中心思想的。如果句子中出现多个谓语动词，就应该把句子分割成多个句子。如果因为不认识句子中的关键单词，就需要参考注释词汇表或查字典。

小练习：

阅读下面几个长句子，找出句子的中心意思。

1. Their methods do not attempt to estimate the actual biomass(the amount of living biological matter) of fish species in particular parts of the ocean, but rather changes in that biomass over

time.

2. According to their latest paper published in Nature, the biomass of large predators (animals that kill and eat other animals) in a new fishery is reduced on average by 80% within 15 years of the start of exploitation. In some long fished areas, it has halved again since then.

3. That means a higher proportion of what is in the sea is being caught, so the real difference between present and past is likely to be worse than the one recorded by changes in catch sizes.

4. Some individuals would therefore not have been caught, since no baited hooks would have been available to trap them, leading to an underestimate of fish stocks in the past.

5. The notion is that people have failed to detect the massive changes which have happened in the ocean because they have been looking back only a relatively short time into the past.

文章的结构与段落理解

阅读英语文章除了掌握单词、句子等细节上的问题之外，还要从宏观上把握文章的结构，理解段落之间的关系。了解文章的结构和段落之间的关系对把握文章的中心思想有中有的作用。

常见的文章结构主要有五种类型。

第一种：层层递进型

文章的内容由浅入深，由简单到复杂，由抽象到具体，一步一步地将主题深化。文章在开头的部分对主题进行一般性的介绍，然后各段展开递进关系的介绍。在进行深入分析和介绍的时候，会出现表示递进关系的副词。标志层层递进的单词有：

in addition to, furthermore, moreover 这种文章结构，每一段展开一层意思，文章的主题一般可以通过综合各段首句得出。

第二种：信息分类型

这类文章的写作目的在于介绍信息，为了使庞杂的信息条理清晰，作者会根据相似性或差异性做归类。通过分类文章被分成几个部分或条块，使读者便于理解和记忆。分类型文章的标志词有：

categories, classification, groups, parts, types, characteristics,

elements, kinds, sorts, ways, classes, features, numbers 信息分类型的文章通常以概述的形式出现，在主题句陈述信息的划分，在各个段中用数字表示各类信息的内容。比如：first, second, third, one, another, finally 等。信息之间通常是并列关系，调换位置不会影响文章的意思。比如下面这段话：

The Chinese responded to prejudice and persecution in two ways. First, they created an insulated society-within-a-society that needed little from the dominant culture. Second, they displayed a stoic willingness to persevere, and to take without complain or resistance whatever America dished out.

在这段话中 first 和 second 后面的内容是并列的关系，如果交换位置，也不会影响读者对文章的理解。在阅读的过程中，用下划线或圈、点或涂色把这些标志层次结构的关键词标示出来，可以帮助我们理解和记忆文章的信息。

第三种：比较和对比型

这种文章结构是把两个或两个以上事物、观点等放在一起，比较其相同之处，对比其不同之处。有时文章中既有比较，又有对比，由于细节问题比较多，会使文章内容显得凌乱。在阅读时需要注意以下几点：比较和对比的目的是什么，比较和对比的对象是什么，从哪些方面进行比较。

阅读这类文章时，用分栏的格式在笔记中列出比较对象的相似点和不同点，可以帮助我们快速整理信息，并轻松地记住文章的重点内容。文章中有提示相同点和不同点的标志词语。

比较式的标志词有：

compare，like，alike，like wise，resembles，in comparison，similarin the same way，in the same manner，parallels，similarly 比如下面这段话：

Elephants are the biggest land creatures on Earth, and among the smartest and most endearing. In their lives and social dynamics they resemble humans in many ways.

看到关键词 resemble 我们就知道作者将在后面介绍大象与人类的相似之处。

对比式的标志词有：

but，although，however，in the other hand，unlike，converselyinstead，yet，on the contrary，different，whereas，nevertheless，as oppose to，rather than

第四种：因果关系型

这种文章结构适合阐述事物之间的因果关系，作者在描述事件或提出观点时常常采用这种结构。"因"是事件的起因和行为的动机，"果"是事件的结果、结局和行为的后果。在科技和社科类的文章中经常出现这类结构。劝说和辩论类的文章也常用这种结构，这是推理的主要模式。

文章中一些标志原因和结果的词可以帮助我们识别这种结构：

标志原因的词：

because, for this reason, since, why, due to, cause, on account of

标志结果的词：

thus, hence, as a result, in effect, therefore, result in,

the outcome is, consequently 当你阅读这类文章的时候，在笔记本上整理出原因和结果，就可以很好地理解文章的意思了。原因和结果并非一一对应的关系，有时一个原因会导致多个结果，有时一个结果是由多个原因导致的。因此，阅读时要判断句子之间的逻辑关系，注意因果推理的过程，把握文章的主要信息。

第五种：例证型

例证型是用例子论述道理，支持中心思想的文章结构。这种结构比较常见，作者用一个或多个例子证明某一论点，阐明某一概念或者说明某一论据的合理性。这些例子可以使概念和道理具体化，让读者更容易理解文章的内容。我们可以通过一些标志性的词语识别这种结构。

例证型的标志词：

for example, such as, as follows, another, still another,

for instance, to illustrate, specifically 在阅读时遇到这些标志例证的词，你可以在笔记本上记录下来，作者是通过那些例子来证明自己的观点的。这对我们理清文章脉络，理解中心思想很有帮助。

训练英语快速阅读的四种方法

很多人感到自己阅读英语材料的时候速度太慢，不能进行大量阅读。有些人认为是自己词汇量不够，于是拼命背单词。事实上，对于大多数人来说，阅读速度慢不是词汇量的问题，而是阅读方法的问题。有些人在阅读的时候一个词、一个词地阅读，导致阅读速度很慢，而且破坏了意群，对文章的理解也下降了。如果在阅读的时候，我们不是一个词、一个词地阅读，而是一组词、一组词地阅读，甚至一个意群一个意群地阅读，我们的阅读速度就会成倍地提高。

请比较下面三种阅读方式：

1. Phrase / making / is / a / useful / technique / for / increasing / awareness / of / phrase / structure / that / you / should / practice / for / five / minutes / a / day / for / the / next / ten / day.

2. Phrase making is / a useful technique / for increasing awareness / of phrase structure / that you should practice / for five minutes a day / for the next ten day.

3. Phrase making is / a useful technique for increasing awareness of phrase structure / that you should practice for five minutes a day for the next ten day.

第一种是以单词为单位进行阅读，第二种是以词组和短语为单位进行阅读，第三种是以意群为单位进行阅读。显然，以意群为单位进行阅读的时候，阅读速度会快很多。这要结合速读的机制和眼动的训练，扩大视野。当你能够一目一行或一目多行的时候，就能轻松抓住意群进行阅读了。

有四种方法可以帮助我们训练英语快速阅读：

快速泛读（fast extensive reading）

提高阅读能力不是一朝一夕的事，只有在平时大量阅读，才能不断积累词汇，培养语感。要想保证阅读量，就不能精读，而要进行泛读。广泛阅读不同领域的书籍，不必吸收书中所有的信息，理解和掌握书中的主要内容就可以了，但是要保证较快的阅读速度。

制订阅读计划，每天保证一定的阅读量。阅读量可以根据自己的实际情况制订，结合自己的空闲时间的长短，不要给自己太大的压力，但是也不可以读得太少。比如，你可以规定自己每天读15—20页，一个月就可以读两三本中等厚度的书了。

计时阅读 (timed reading)

计时阅读可以训练我们集中精力，在精神高度集中的状态下阅读。因为很多人之所以阅读速度慢，是因为他们常常精力分散，不能把注意力集中在书本上。当你给自己限定时间的时候，你就会时刻意识到自己正在阅读，以最快的速度达到最好的阅读效果。

计时阅读时间不宜过长，每次进行 5—10 分钟即可。阅读前先记下"起读时间"(starting time)，阅读完毕记下"止读时间"(finishing time)，然后统计阅读的字数，计算出本次阅读速度。经过一段时间的训练你就会发现自己的阅读速度有明显的进步。

略读 (skimming)

略读是快速筛选有用信息，获取文章主要内容和中心思想的快速阅读方法。略读又叫跳读 (reading and skipping) 或浏览 (glancing)，是一种非常实用的快速阅读技能，它要求读者有选择地进行阅读，可跳过某些细节，以求抓住文章的大概，从而加快阅读速度。训练有素的略读者可以每分钟处理 3000—4000 个单词。

略读的目的主要是搜集信息，并不要求太高的理解度。一般阅读速度下，我们对文章内容的理解度可以达到 70%—80%，在略读时保证 50%—60% 的理解度就可以了。略读时要根据文章的难易程度和阅读的目的调整阅读速度，有些内容可以一带而过，有些内容可以跳过不读，不必阅读细节内容。当你为了查找某些资料而时间不多时可以略读的方法，先把文章粗略地浏览一下，看看文章中是否有自己需要的或自己感兴趣的资料和信息，然后确定这篇文章是否值得细读。

略读时要注意文章的标题、副标题、小标题、斜体词、黑体词、脚注、标点符号等，这些地方传达的信息可以帮助快速了解作者的思路和文章的中心思想。阅读段落的第一句和最后一句，掌握段落大意，略去细节部分。阅读时注意转折词和序列词，转折词如 however, moreover, in addition 等，序列词如 firstly, secondly，finally 等。

寻读 (Scanning)

寻读又称查读，是一种从大量的资料中迅速查找某一项具体事实或某一项特定信息，比如，人物、事件、时间、地点、数字等，而对其他部分略去不读的快速阅读方法。运用这种方法，我们可以在大量文字中尽快找到所需要的信息。寻读和略读有所不同，寻读是在读者对阅读材料有所了解的情况下进行的。我们在日常生活中都有这样的经历，比如，在车站寻找某次列车或汽车的运行时刻，在图书馆查找某种书刊的目录，在文献中查找某一日期、名字、数字或号码等，都是对这种阅读方法的运用。

进行寻读时，要掌握一些技巧。首先，要充分利用材料的编排形式，比如，词典、索引、邮政编码簿、电话号码簿等资料都是按字母顺序排列的，历史资料是按年代排列的。很多信息都是按照一定的逻辑方法排列的，掌握了编排形式，就能快速找到你想要的信息。阅读书籍时，要通过章节标题来搜索自己想要的信息，然后快速翻到你需要的部分进行阅读。找到你想要的信息之后，就可以采用一般阅读速度进行阅读了。

这四种快速阅读的方法具有很强的实用性，我们在日常生活和学习中都会用到，如果把它们作为训练方法专门练习，很快就会取得很好的效果。

第一章

做一个主动阅读者

阅读前应该提出的四个问题

有人习惯在睡觉之前躺在床上读一会儿书，在昏暗的灯光下读书很快就昏昏入睡了。因为这时你进行的是消极的阅读。当然，环境并不是消极阅读和积极主动阅读的主要差别，有些人在半夜秉烛夜读，仍能够保持清醒。

消极阅读与积极阅读的真正差别在于是否在真正阅读手中的书，是否有明确的阅读目标。明确目标可以帮你把注意力集中在书本上，如果没有目标就会胡思乱想、心不在焉，甚至会睡着了，结果必定不能获得书中的信息。要想实现目标就必须保持清醒，在阅读时尽量保持主动才能获得相应的利益。

阅读可以有两种不同的目标，一种是获益，一种是娱乐。获益是指我们在前面提到的两个主要目标：获取有用的信息和增进理解力。娱乐是指满足好奇心或纯粹为了放松心情。

尽管有些人明确了阅读目标，但是仍然无法完成阅读目标，因为他们不知道如何积极主动地阅读，不能把注意力集中在阅读上。集中精力实现的目标的方法是在阅读之前提出自己想知道的问题，在阅读过程中寻找这些问题的答案。这也是超越基础层次阅读的最好的办法。

　　下面四个主要问题可以帮你在阅读中保持积极主动，带着这四个问题进行阅读就能在阅读过程中时刻保持清醒，为回答这些问题而积极主动地在文章中搜索答案。

　　第一，这本书的主题是什么？

　　这个问题是让我们从整体上弄清楚这本书的主要内容是什么，讲述了一个怎样的事件，分析了一个什么问题，阐述了一个什么道理。再往深处探究，还要思考文章的结构和作者的写作思路。作者是怎样发展这个主题的，分了几个方面来论述，各部分之间的关系怎样？作者是如何提出问题、分析问题、解决问题的？作者用什么线索把文章前后贯穿起来的？

　　第二，作者的主要观点是什么？

　　这个问题是让我们想办法弄清楚作者的主要观点、想法、对问题的态度和思想倾向。这些内容也就是作者希望通过文章传达的主要信息。明白这个问题，你才能知道作者的写作意图，才能更好地理解作者的思想和情感。再往深处探究，你还要问问自己，作者的次要观点是什么？主要观点和次要观点的关系是怎样的？作者是怎样论证自己的观点的？提出了哪些论据，使用了哪些论证方法？

第三，作者的观点是正确的吗？

这个问题最能体现一个自我要求的读者进行主动阅读特点，你不仅要知道书中说了什么内容，作者持什么观点，还要积极动脑筋思考，作出自己的判断——作者为什么这样说？这样说有道理吗？是全部有道理，还是部分有道理？作者的观点是片面的吗？哪些地方不妥当，为什么不妥当？作者的观点是错误的吗？错在哪里？

第四，这本书能给你带来什么利益？

这个问题可以使你的阅读具有明确的目的性。在阅读过程中要思考书中的信息对你来说有什么意义，问问自己作者所传达的信息重要吗？你有必要深入了解吗？为什么作者认为他所传递的信息是重要的？这本书能否给你带来你需要的信息？能否给你带来启发？如果这本书能够给你带来启发，就有必要找出文章中更深的思想和含义，以求获得更多的启发。

阅读之前提出这四个问题是主动阅读的基本原则。这是自我要求的阅读者与没有自我要求的阅读者的最主要的差别。没有自我要求的读者在阅读的时候不会给自己提出一些问题，自然也就得不到答案。这个原则适用于任何一种读物，无论你阅读的是一部小说，一篇论文或者一个说明书，都应该以这四个问题给自己确定的阅读目标。只有当你能够回答出这四个问题的时候，才能证明你完成了阅读的任务。

前边两个问题是我们在检视阅读之后应该可以回答的。这两个问题在主动阅读中是最基本的，掌握文章的主题和作者的观点才能获得对文章信息的最基本的了解。回答后面两个问题则需要阅读者进行积极的思考，对阅读材料进行深层理解。如果不能回答后面两个问题，即使你进行了分析阅读，仍然不算完成了阅读任务。最要一个问题——这本书能给你带来什么利益，是主动阅读中最重要的一个问题。明确了阅读材料的价值所在，才有阅读的动力，才能激发起阅读的兴趣，阅读的时候才更有目的性。但是，并不是说前面的三个问题不重要，第四个问题要建立在前三个问题的基础上，只有先回答前面三个问题，才能回答最后一个问题。

光提出这四个问题还不够，作为一个优秀的阅读者，应该结合自己已有的知识和经验，运用联想和想象提出更多相关问题。提出的问题阅读，你的收获就越大。因此在阅读之前，有必要整理出你想了解与阅读材料相关的各种问题。你不但要善于提出问题，而且要知道怎样快速、准确地在文章中找到问题的答案。

做一个自我要求的阅读者，需要在阅读中付出努力，毫不费力的阅读不会给你带来太多有价值的东西。经过一段时间的训练，养成提出问题，带着问题阅读的习惯，你会发现自己能够集中精力进行阅读，并顺利完成阅读的目标。

学会做笔记

作为一个主动的阅读者，不但要善于提出问题，还要回答问题。当你找到问题的答案的时候，才算真正读懂了一本书。这个寻找答案的过程是在大脑中完成的，但是如果借助笔和纸，这个过程会变得更加容易。

只有当你从一本书中读出言外之意来，才能使一本书真正属于你自己。一边思考书中多内容一边做笔记是读出言外之意的最好的办法。当你用笔在书上做批注，在笔记本上写出自己对文章的理解的时候，就达到了最佳的阅读效果。

知识不同于物质，把一本书买回家，书中的内容并不会立刻成为你的一部分。只有通过阅读对文字进行解码，充分理解作者所传递的信息，才能使书中的知识真正属于你。阅读一本书的过程是你与作者进行思想交流的过程。在交流过程中，你可能会同意作者的观点或反对作者的观点，当你要发表自己的见解的时候就可以用笔记的形式展现出来。

有些人号称爱护书籍，唯恐把书弄脏一点儿，不在书上写一个字。结果，多年之后他们的书还是崭新的，但是对书中的内容，他们了解得并不多。对于优秀的阅读者来说，在书上做笔记是一件非常自然的事。这样做还能带来很多好处。首先，做笔记可以使你把精力集中在书本上，不会走神；其次，做笔记时可以把你对书中内容的感悟和理解整理出来，使你思考的结果用文字的形式呈现出来；最后，在书本上勾勾画画做一些标记可以帮助你记住书中的内容。

在书本上做笔记的方法有很多种，这里介绍一些，你可以根据自己的喜欢选择适合自己的方法。将关键词或关键句子圈起来，提醒自己关注这些信息；在重点句子下面划底线，加深对这些句子的印象；用竖线或括号把重点段落标记出来，还可以在重点段落的位置夹上书签或折一个角，为的是方便查找；在一系列的论点或问题前面加上序列编号使其成为一个系统；在书的空白处标记其他的页码，把与此处相同或不同的观点集中起来进行对比；在书页的空白处写上你对某些问题的答案以及你对书中内容的理解和感悟。有些书的前面和后面都有一些供读者做笔记的空白页，阅读全书之后，你可以在前面的空白页上写上本书的大纲，在后面的空白页上写个人索引。

通过前面的学习，你已经知道阅读有四个层次：基础阅读、检视阅读、分析阅读和主题阅读。根据阅读的层次不同，笔记也可以分为不同的层次。笔记的层次可以分为结构笔记、概念笔记和辩证笔记。

在检视阅读的过程中我们的目的是了解书的主题和文章的结构，需要回答的问题是这本书讲的是什么？作者的主要观点和写作思路是怎样的？结构笔记就是把这些问题的答案整理出来。记录这些内容的最好的地方是目录页或书名页。结构笔记记录的重点是文章的整体架构，而不是细节内容。

要想回答作者观点是否正确的问题，就要进行分析阅读。作者的立论是否正确，文章的观点是否有道理？这本书的内容对你来说什么意义？找到这些问题的答案应该用概念笔记记录下来。概念笔记不再与结构有关，而是关注文章中的概念和作者的论点。当你读到更深更广的时候，还会提出你自己的观点。

当你进行主题阅读的时候，同时阅读很多不同的书，为了对不同书中的内容进行比较，你需要做辩证笔记。不但要在书的空白处记下本书的其他页码，还要在其他书中的页码上写上相关问题，把不同的观点放在一起进行比较，让许多作者共同参与一个问题。

　　除了在书本上直接写下笔记，你还应该准备一个笔记本整理记录书中的信息。在笔记本上记录书中的内容和对内容的理解也有不同的形式。

　　如果你为了获得信息而进行阅读，可以采用概要形式的笔记。通读全文，按照作者的写作顺序罗列主要事件和数据，从中概括出文章的主题，找出你需要的信息，实现阅读的目的。这种形式可操作性强，但是不够灵活。如果阅读材料是信息类的、知识类的，那么适合采用这种形式的笔记。

　　如果你为了加强理解力而进行阅读，可以采用模块形式的笔记。你还可以按照逻辑顺序处理文章的信息，即通过分析文章的主题思想、论点和论据整理信息，实现阅读的目的。这种笔记形式要求阅读者一边阅读一边思考一边做笔记，可以增进对文章的理解。相对概要笔记来说，模块笔记的形式更加灵活，可以更形象地展示更丰富的内容。如果阅读材料是论说性的、分析性的，那么适合采用这种形式的笔记。

　　此外，还有一种适用于阅读技术性材料的流程图笔记。这种笔记可以用图解的方式来表示先做什么，再做什么，使技术的操作流程一目了然。你可以把这种笔记记录在卡片上，在卡片的顶部写上主题，方便以后查阅。

　　做笔记时既不能敷衍了事，否则起不到笔记的作用，日后需要那些信息的时候还得重新阅读原文，也不能过于烦琐，否则找不到重点。做笔记应该尽量浓缩信息，简明扼要地把重点信息整理出来，还要保证搜集足够多的信息便于日后的理解。

小练习：

    1.用概要形式的笔记阅读一篇信息类的文章。

    2.用模块形式的笔记阅读一篇论说类的文章。

    3.用流程图笔记阅读一篇技术类的文章。

系统地略读

    检视阅读的第一个步骤就是进行略读和粗读。如果你想找到你需要的信息，但是时间有限，那么就需要用略读和粗读的方法检视书中的内容是否值得阅读，是否符合自己的兴趣和需要，是否值得花费时间。略读和粗读的目的是筛选出书中的精华，了解作者的主张是什么，主要观点和态度是什么。

    下面几个步骤可以帮你快速了解一本书是否有价值，是否符合你的需要。

    1. 看书名或文章的标题，如果书中有前言或者文章前面有摘要，还要看前言和摘要。从书名中，你可以了解一本书或一篇文章的主题，弄清楚你要看的内容是关于哪方面的。如果书名或标题后面有副标题，还要仔细阅读副标题，副标题往往会给出一些相关说明或宗旨以及作者写作的特殊角度和观点。阅读副标题可以让你对将要阅读的内容的主题有更加深入的了解。

    通过阅读前言和摘要，你可以了解阅读材料的主要内容和作者的写作意图。根据这些信息。你就知道了作者到底写的是怎样的一本书以及作者为什么要写这样的一本书。由此，你可以判断这本书是否对你有用。

根据书名、标题和前言、摘要，我们还可以判断阅读材料的类型和体裁。比如，这本书是科普类的，还是论说类的，是小说，还是论文。然后思考同种类型，同种体裁的书都有哪些特点。了解这些内容之后，就为后面的正式阅读做好了准备。

　　2. 研究目录，了解这本书的基本机构和作者的写作思路。大多数小说和论说性的书籍都有目录。目录是作者把书中内容按照章节整理出来，引导读者了解书中的内容，快速搜索书中的信息。如果书中蕴藏着宝藏，目录就是指引我们获取宝藏的地图。如果不看地图，就盲目地寻宝，就会浪费很多时间。看过地图之后，就会对自己想找的东西心中有数。因此，在正式阅读一本书之前，你应该仔细阅读前面的目录。有些书的目录在章后面还加上一些介绍性的摘要，告诉读者这一章主要讲什么。有些书的目录在章后面还有小节的标题，从中我们也可以了解每一章大概讲了哪些内容。

　　所谓系统阅读，包括两方面，一个是把握书籍和文章的整体结构，这样可以从整体上把握阅读材料的内容；另一个方面是把握作者的写作线索和思路，这样可以把文章的内容贯穿起来，使阅读材料具有系统性。对目录的阅读可以让你对书籍的结构和写作思路有所了解。如果你还没有看过本书的目录，那么请你现在回过头去把目录研究一下。从目录中你还可以系统地了解本书讲了哪些内容，这些内容是否对你有用，是否值得你仔细阅读。

　　3. 检阅索引。大多数论说文都有索引，从索引中你可以了解一本书所涵盖的议题范围，涉及的书籍种类和作者。参考一个词目被引用页数的多寡，可以判断哪些是重要的词汇，也就找到了一本书的关键点。从这些重要词汇中，你还可以推测出作者对一些问题的态度和思想倾向。

4. 出版社介绍和名人推荐。宣传文案是作者在出版公司宣传部门的协助下写就的。作者会尽力把书中的主旨提取出来，让你对书的内容多一些了解。现在很多畅销书都有名人的推荐，该领域的专家对书中内容的评价可以给读者一个方向上的指引，告诉读者这本书为什么值得阅读，在哪方面比较出色。

5. 作者简介。大多数著作都会有作者简介，介绍作者的生平、职位、头衔、以往的成就等信息。对作者的背景有一些基本的了解之后，你就能更好地理解他为什么会持有这样或那样的观点，从而更深刻地理解文章的内容。

完成这几个步骤，你就可以判断这本书是否值得阅读了。如果这本书对你来说有价值，那么你应该参考下面的步骤进行正式阅读了。

1. 挑几个和主题关系密切的篇章进行阅读。如果文章的前言或摘要中提到了重要章节和关键的论点，那么就从文章中找到这些内容，并仔细阅读。

2. 随便打开书中的某一页，念上一两段。如果对书中的内容感兴趣，可以读上几页，但是不要读太多，也可以快速把书从头到尾翻一遍，关键是寻找书中的主要信息。

3. 重点阅读书中开篇的两三页和结尾的两三页，因为作者一般会在开篇处概括书中的主要内容，在结尾处总结书中内容，重新整理自己的观点。开头和结尾比较引人注意，作者会利用这一点展现书中的精华部分。

系统略读的时间最多不要超过一个小时。通过系统略读，你应该掌握书的主题，作者的主要观点和态度，书的类型和体裁。系统略读是有目的的阅读，需要阅读者集中精力进行积极主动地阅读。如果精力分散就不能快速掌握书中的信息和作者的思路。阅读者应该扮演一个侦探的角色，需要在书中寻找主题和线索，把作者所要表达的意思整理成一个系统，使书中的内容清楚明了起来。

　　系统略读还要求你对阅读材料进行快速翻阅，以便掌握其中的重要内容和关键信息。略读完之后，你应该对这本书的内容了解很多了，根据这些信息应该能够确定是否值得为这本书继续投入时间和精力。

粗浅地阅读

　　粗浅的阅读，也就是不求甚解。"不求甚解"在字典上的解释是学习态度和工作态度不认真，不求深入理解，因而一直被人们当作贬义词来用，事实上，这句话的原意是读书只领会精神，不在一字一句的解释上多花工夫。这是一种合理的有用的读书方法。

　　"不求甚解"出自陶潜的《五柳先生传》："不慕名利，好读书，不求甚解，每有会意，欣然忘食。"可见"不求甚解"的关键在于"会意"。不求甚解有两层含义，一层含义表示虚心，告诫阅读者不要盲目自信，以为什么书一读就懂，实际上未必真正领会了书中的真意，还是老老实实承认自己只是不求甚解为好。另一层含义就是在读书的方法上，不要固执地弄明白自己不懂的地方，不要咬文嚼字，而应该前后贯通，了解文章大意。这两层意思都很重要，值得我们好好体会。

上学的时候，老师教导我们要有打破砂锅问到底的精神，遇到不懂的问题一定要搞清楚，查生字词、查脚注、查名言的出处，借助词典、百科全书或其他的二手资料搜索相关信息。花费了很多时间，经过一番痛苦的挣扎也许你解决了当前的一个小问题，但是你对文章的整体印象却遭到了破坏。因此，如果一旦遇到不理解的问题就查资料，不但不会帮助我们更好地理解书中的内容，反而会妨碍我们对文章的理解。

进行粗浅阅读要明确一个原则：读一本难读的书的时候，要从头到尾通读一遍，遇到不懂的地方放过去，不要急着查询或思索。不要为一些你不能立即了解的东西而停顿，那样只会扰乱你对文章整体的理解，应该只注意容易理解的部分，略过不懂的部分。把精力集中在能够看懂的章节上，不要因为个别难懂的章节、注解、评论甚至生字词的阻挠而感到有压力，甚至泄气。

如果在困难的段落停滞不前，或者为个别生字词而耽误太多的时间，你就无法继续阅读下去，最后只能放弃，结果对书中的内容一无所获。相反，如果你忽略这些难懂的部分，从头到尾只关注自己能看懂的信息，即使你只能理解其中的 50% 甚至更少，也要比什么都不了解好些。何况读完之后，你还可以重读一遍，这时理解那些困难段落就容易多了。

我们在读外语书、古文以及某领域的专业书籍的时候会有这样的体验，一本书买回家之后看了没几页就束之高阁了。因为书中有很多生词、术语让你很难顺畅地读下去，如果采取一边读一边查词典的方法，很快就会知难而退，读不下去。比如，在读一本英文原著的时候，如果一个生词、一个生词地查，即使你阅读的是一部很有意思的小说，阅读的乐趣也会很快就被破坏掉。在读一本充满术语的专业著作的时候，如果你坚持理解每一页的意思，才肯继续往下读，那么你必定读不了几页就会放弃的。

粗浅的阅读并不是不讲求阅读质量，不注重对文章的理解，而是强调关注自己能够理解的内容，暂时忽略自己不懂的内容。不要被拦路虎吓倒，你可以暂时不理它，绕道前进。当你读到后面的时候，也许前面的问题就迎刃而解了，或者读完一遍之后返回头来再看前面的难题，由于你掌握的信息足够多，你就能够理解当初让你感到困难的问题了。

如果你对一本难读的书抱的期望太高，希望一遍就能读懂，为一些难懂的细节而苦苦纠缠，结果只是徒劳无益的挣扎。你甚至会得出错误结论，认为这本书不适合你读。事实上，真正的原因在于你一开始就把太多的精力集中在难懂的问题上，消耗了太多的时间和精力也没有明显的收获。

我们的时间和精力是有限的，如果把时间浪费在钻研一些细节问题上，就没有时间进行更广泛更深入的研究。在浩瀚的图书海洋中，不论是研究自然科学还是社会科学，总是千头万绪，问题极多。要想进行广泛的研究就有必要采取不求甚解的读书方法。对自己的专业领域的问题可以进行深入钻研，求得"甚解"；另一方面要放过一些无关紧要的细枝末节，对它们不求甚解，以免妨碍集中精力去研究主要问题。对部分的"不求甚解"，是为了对整体精神的"求甚解"。

鲁迅先生也提倡"随便翻翻"专业以外的书籍，比如，学文学的看看历史，学化学的读读天文学，不主张"盯在一处"。"随便翻翻"也就是进行粗浅的阅读，不求甚解。学海无涯，要想扩大知识面，博览群书就要随便翻翻。"随便翻翻"能开拓知识领域，扩展横向联系，增添举一反三、触类旁通的思维材料，激发创造性、散发性思维，对于专业研究很有裨益。诺贝尔物理奖金获得者格拉索说得很深刻："往往许多物理问题的解答并不在物理范围之内。"

"随便翻翻"非专业书籍，扩大知识广度，促进学识进步，这正是粗浅阅读的意义所在。对书中难易不同的问题区别对待，也是主动阅读的表现。爱因斯坦说的"在所读的书本中找出可以把自己引向深处的东西，把其他一切统统抛掉，就是抛掉使头脑负担过重和会把自己诱离要点的一切"。同样是这个意思。

第二章

如何吃透一本书

把握书籍的分类

通过检视阅读，我们可以了解一本的主题、结构，作者的主要观点和写作思路，这些都是框架上的内容。要想吃透一本书就必须了解细节的问题，因此还要进行分析阅读。分析阅读的一个重要的原则就是在阅读之前，就明确你将要读的书是什么类型的。

书籍的分类很重要，了解书籍的类别，可以让我们更好地理解书中的内容。如果读者不明白他看的是一本什么类别的书，那么他就根本不可能回答更多的关于这本书的其他问题。这就是为什么很多作者在书名和前言上下功夫，以求让读者了解书的类别的原因。

各种类型的阅读材料浩如烟海，比如，报纸、杂志、期刊上面的文章，短篇小说、长篇小说、传记、散文、诗歌，各种学习材料以及包含大量数据信息和理论的文件。除此之外，在互联网上还可以通过搜索引擎找到数以亿计的网页。人类的所有智慧和经验都能在以文字为载体的资料中找到。不同的阅读材料有各自不同的特点，因此，在阅读的时候也要考虑材料的类型，区别对待。在阅读玄幻小说的时候，不能把书中的情节当成真事来看。当然，也不能把科学理论当作虚幻的东西来看。不同类型的书有不同的读法，在后面我们会详细介绍。

阅读的第一步需要明确阅读材料的类别。最主要的一种分类法是把阅读材料分为虚构的小说类和传达知识的论说类。小说类可以根据内容分为历史小说、都市小说、言情小说、武侠小说、玄幻小说等。论说类的书籍又可以分为社会科学类和自然科学类，社会科学类的书籍又可以分为历史类、哲学类、社会类、经济类等，自然科学类的书籍，又可以分为物理类、化学类、生物类、机械类等。

也许你相信自己能够一眼区分出小说和非小说。有些书籍的类别并不是很容易分辨。比如，怎么判断你所阅读的书籍是一本虚构的小说，还是一本论说性的书籍？

事实上，很多小说中包含太多的社会科学的观点，一些社会科学论著中也有很多小说的影子。一些科幻小说中可能出现很多物理和化学的理论。何况现在还有一种四不像文体介于小说和非小说之间。印度移民作家奈保尔的作品大部分兼有两种或两种以上的文体。他的小说中总是包含非小说的因素，非小说中又总是包含小说的因素。导致二者没有明显的界线。

论说性的书是指作者根据一些事实、数据和道理得出的一些观点、理论、假设和推断组成的传达知识的书。大部分论说文和小说一样可以一眼就识别出来，但和小说一样有些论说文也不是很容易识别。比如，历史类和哲学类的书，有很多相似之处，但是所提供的知识和启发截然不同；生物学和生理学也有很多相通之处，但二者强调的重点还是有很大差别的。

书名、前言和前言可以让书籍的分类变得容易一些。爱因斯坦和英菲尔德合著了一本科学著作《物理的演进》。从书名中我们可以知道这是一本关于物理学的科学著作，而不是一本科幻小说。他们在这本书的前言中明确地告诉读者，他们写的是一本科学的书，尽管可读性很强，但是不能用读小说的方法来阅读。他们还对书中的内容进行分析，提醒读者进一步深入了解概念中的细节。通过阅读目录我们可以知道一本书讲的主要内容。比如，奥古斯丁的《上帝之城》，卢梭的《社会契约论》和霍布斯的《利维坦》，阅读这三本书的目录，我们就可以了解这三本书都是关于政治的论述，并且讨论了一些共同的问题。

此外，你需要在自己的心里明确一个给书籍分类的标准，因为有时仅仅通过书名、前言和目录仍不能保证你作出准确的辨别。仅仅看名字，你无法判断亚里士多德的《理想国》与亚当·斯密的《国富论》有哪些相似和不同的地方。如果你不清楚伦理学属于社会科学，就可能把它和生物学归入同一类，如果你不了解生物学和生理学属于不能类型的科学，就无法进一步区分二者的差别。

你需要训练自己从不同的书籍中找到相似点和不同点的能力。随着阅读书记种类的增多，这种能力就会不断加强，通过一段时间训练你心中就有了不同的分类标准，从而能够快速判断出一本书所属的类别。

按照一本书中内容的可操作性，可以分为理论性作品和实用性作品两类。实用性作品是指能够带来实际效用的作品，不管是暂时的还是长远的。理论性作品则纯粹是为了说明某个道理，或者论证某个问题。二者的差别类似于纯科学与应用科学之间的差别。前者让我们明白一些道理，后者指导我们该做什么，不该做什么，应该怎样做。有时你可以根据书名作出判断。如果书名中出现"论""原理""原则"等字眼，那么这本书很可能是理论性的作品。如果书名中有"如何""怎样""技巧""方法""指南""手册"等字眼，那么这本书就是实用性的作品。比如，本书《快速阅读训练法》就是实用性的，它指导我们如何快速有效地阅读。

你可能认为一些书并不能给你带来指导，或者你认为书中的方法是错误的，但是这并不妨碍你把它归入实用性的作品。比如，你可能认为康德的《实践理性批判》中所说道德观念和行为准则是不实际的，但你还是应该把它归入实用性作品。因为作者写作的意图在于说服你跟随他的建议。

吃透书结构

分析阅读的一个重要任务就是分析书中内容的结构。不管你读的是什么类型的书，都应该掌握它的整体性和组织架构。任何一本书都不是由乱七八糟、毫无逻辑的句子组成的，而是按照一定的秩序把语言组织成段落，把段落组织成文章，表达出一个中心思想。

分析阅读要求我们读完一本书之后，能够用简短的句子概括整本书的大意，找出这本书的主题和重点以及作者的写作意图。怎样才能证明你已经清楚地了解了一本书的内容呢？一个有效的办法是用三言两语告诉别人这本书讲了什么。你的描述不能太多，如果你啰唆很多还不能说明白，证明你只是了解了书中的一些信息，没有把握书中的整体内容。如果你认为自己理解了书中在讲什么，但是表达不出来，那只是自欺欺人而已。

你可以从书名或前言中获得一些信息。比如，小说《堂吉诃德》原名为《奇情异想的绅士堂·吉诃德·德·拉·曼却》，从这个名字中我们就可以了解这部小说的主人公是一个"奇情异想的绅士"。历史小说常常以历史事件或历史人物作为标题，比如，《明朝那些事儿》《康熙大帝》等。

作者会在前言中概括书中的精华内容，介绍自己的写作意图，引导读者阅读。比如，希罗多德写的关于希腊民族和波斯民族战争的《历史》，在引言中这样介绍了书中的主要内容和作者的意图：

出版这本书是希望提醒人们，前人所做的事情，以免希腊人与异邦人伟大的事迹失去了应得的光荣，此外还记录了他们在这些宿怨中的领土状态。

有些书籍的封面有出版社的介绍或名人的推荐，从中我们也可以了解文章的大意。比如：

两卷本《康熙大帝》包括《夺宫》《惊风密雨》两个分册。

《夺宫》写康熙八岁登基后，同辅政大臣鳌拜阴谋篡权集团做斗争的故事。《惊风密雨》写康熙亲政后，同以吴三桂为首的三藩割据势力做斗争的故事。

作品在对康王熙朝初年的历史事件做了惊心动魄的描画，成功地塑造了众多各具特色的历史人物，康熙从少年到青壮年的成长过程以及他出色的治国才能，雄才大略、运筹帷幄的英雄本色也得到了充分展示。作品用艺术形象突出了封建皇帝康熙，在统一祖国、开创康乾盛世历史上所起的巨大作用。

作者的介绍和出版社的介绍都只起到参考的作用。要想真正读懂一本书，你必须通过自己的努力整理出文章的大意。一本书的大意可以有不同的诠释，即使你总结的文章的大意和中心思想与作者的介绍有所不同，你也不用感到难过。因为同一本书对不同的人来说，会有不同的感受。不管由谁来概括文章的大意，都会加入自己的理解，只要客观准确地诠释出作者的主要内容和中心思想就可以了。

概括出书中的大意，也就是把握故事的主干或文章的主要论点。抓住故事主干和主要论点之后就能提纲挈领，把握一本书的整体结构。其余部分都是细枝末节，补充次要的内容，就会使文章有血有肉了。对多本书进行分析你就会发现所有的故事情节不过那几种类型。比如，古代的爱情故事都按照这样一个模式：秀才落难、小姐相助、花园幽会、历经磨难、终成眷属。几乎所有的现代爱情故事的情节也可以简化为：男孩遇到女孩——男孩失去女孩——男孩又得到女孩。书中内容好看与否全在于细节内容的填充。

分析阅读的另外一个任务是研究一本书的目录或一篇文章的段落，分析它们是如何按照一定的顺序组成一个整体的。我们能看到的所有的东西都是由多个部分组成的整体，文章和书籍也不例外。文章是由多个段落组成的，书籍是由多个章节组成的。在进行分析阅读时，我们要分析由多个部分组成的整体是怎样呈现出同一面貌的，各部分之间是什么关系。各部分之间绝对不是互不相干的，而是相互融合的有机体。相互之间存在有机联系才构成一个整体，否则只是简单的集合。书中的每个部分都贡献自己的一分力量，按照一定的秩序排列起来。好书都有完整的整体架构，各部分之间很统一，可读性强；坏书各部分之间则显得散乱，不成体系，可读性差。

要想读懂一本书，就要把握书中的架构和规划。把握一本书的结构的一个重要方法是用图解拟定大纲，列出各部分的纲要。比如，按照下图这个模式分析每一章、每一节的主要内容以及章节之间的关系。

刚开始做这种大纲的时候，你可能会感到麻烦，但是，要知道，大部分优秀的阅读者都是用这种方式来获得一本书的整体架构的。当你熟练这种技巧之后，你会发现很快就能掌握文章的结构。在阅读一些内容简单的书的时候，不用在纸上画出大纲，只要在头脑中想象出各部分的内容以及相互之间的关系就行了。

这个模式也不是一成不变的，你可以根据文章的内容加以改变，目的是更好地把握文章的结构。比如，在阅读小说的时候，你可以根据事件的发展过程来把握文章的结构。在阅读一本论说性的书的时候，则要通过作者的论点来把握文章的结构。论说性的文章或书籍一般是开门见山，将主要观点写在第一段。这类文章不同于小说，给你的疑惑越少，越能吸引人读下去。

吃透文章的结构是读者的责任，就像当初作者有责任设计好文章的结构一样。优秀的阅读者应该善于领会作者对书中整体内容的设计。

理解作者语义

一个山西人和一个广东人各自操着自己的方言与对方交流，互相听不懂对方讲的话。双方的交谈好比对牛弹琴，因为没有共通的语言，必然无法沟通。在阅读的时候也是一样，如果你和作者之间没有共通的语义，那么你就根本不能理解作者在表达什么意思。

理解作者的语义是分析阅读第二个阶段。在进行分析阅读的时候，需要找出与作者共通的语义。语义不同于单词，一个单词可以有多种语义。可能用这个单词表达的是这个意思，但是读者理解成另外一个意思。这时读者与作者之间就没有共通的语义，双方之间没有达成共识。

阅读是读者试图理解作者传达的知识、情绪和思想的过程。只有找到与作者共通的语义的时候，才能恰当地理解作者的思想和情感，才能对一些事情达成共识。读者和作者沟通的媒介就是单词，只有对单词的意义达成共识，双方才能顺畅地沟通。虽然一个单词可以有很多意思，但是每次使用的时候作者就赋予了它特定的含义。读者的任务就是确定作者所用的是单词的哪个含义，通过前后文的分析使单词的意思清晰起来。

字典只能告诉我们一个单词可能的含义，不能告诉我们作者所使用的含义。单词的词义只有在作者表达某一个特定的意思的时候才会明确起来。要想达成共识，作者应该和读者一起努力。作者应该尽量避免词义的模糊，清晰地表达自己的意思；读者应该跟随作者的意思，体会作者试图表达的语义。

当然，在诗歌中，朦胧含蓄是一种表现手法，诗人表达的意思越模糊，留给读者的想象空间越大。读者也可以根据词义进行天马行空的想象，推测出更深更广的含义。但是，这里我们主要讨论的是论说性和科学性的作品。对这两类作品来说，读者对语义理解得越准确，阅读效果越好。

理解作者的语义，就是要找出文章的关键字，并搞清楚作者是怎样使用这些字的，透过这些关键字与作者达成共识。这个过程可以分为两个步骤：一是找出关键字；二是确定这些关键字在文章中的精确意思。

如果每个单词都只有一个意思，那么读者就可以透过文字直接了解作者所要表达的意思。读者和作者可以直接通过文字媒介达成共识，也就不需要对文字进行诠释了。遗憾的是，事实并非如此，文字不是完美的沟通工具，由于文字的多义性会给沟通造成障碍。优秀的读者应该努力打通这道障碍，与作者的思想相呼应。

单就"幻想"这个词来说，就有两层意思，既可以指脱离实际的空想，也可以指对未来发展无拘无束的想象。前者含有贬义，比如，你这种想法完全是一种不切实际的幻想。后者则为中性词，比如，我幻想着自己长上翅膀遨游太空。如果把第一层意思理解成第二层意思，读者和作者之间就有沟通障碍，不能正确领会作者所表达的意思。

找出关键词。

在一本书中，并不是每个字都同等重要。通常作者的主要思想是借助一些特殊的、重要的词语表达出来的。阅读的任务就是要找到这些关键词。只有当作者用特殊的方法运用这些词的时候，才说明这些对作者来说是重要的。当然，如果作者没有创造新词，没有对词汇采用特殊的用法，读者就比较容易理解作者的意思。

如果你阅读的是过去人所写的书，需要弄明白那个时代的人用词造句的习惯。比如，五四时期，陈独秀等人倡导新文化运动，开始写白话文。那时文章的语言有很多共同特点，要想顺畅地读懂那时的文章，就要弄明白一些特色单词的语义。举例来说，文章中"底"的意思一般是助词"的"。比如，早期白话代表诗人康白情在《新诗底我见》中有这样一句话：

"辛亥革命后，中国人底思想上去了一层束缚，染了一点儿自由，觉得一时代底工具只数一时代应用，旧诗要破产了。"

有些作者还会使用生僻字、陈旧字等你所不熟悉的字词，加大了理解的难度。我们在阅读古文和外文书籍的时候也会遇到同样的问题，需要借助词典和其他参考资料来理解作者的意思。

翻开任何一本书的任何一页，除去介词、助词、连词、语气词等没有实际意义的词之外，就是名词、形容词、副词、动词。从这些词中找到与文章主题相关的字眼就是关键词。你可以通过一些特点识别关键词，一般来说出现频率较高的，让你感到不容易理解的单词往往是文章的关键词。比如，你正在阅读的这篇文章中重要的字眼是语义、理解、关键词。有时作者会通过特殊的字体、字号或粗体、斜体等特别强调某些关键词，以引起读者的注意。有时专业书籍中会使用一些专门的术语，比如，达尔文的《物种的起源》一书中"物种"是他的专门术语。一般作者会花费一定的篇幅对这些术语的含义进行解释。

理解作者的语义

找到关键词之后，就要理解作者通过这些关键词所要表达的意思。有时作者在书中多次使用这个单词表达同一个意思，这种情况比较容易掌握。有时作者会赋予一个单词多个意思，在书中不同部位不断变换词义。这就需要你先判断关键词有一种含义，还是有多重含义。如果有多重含义，则要确定这些词出现在文章某个地方时所采用的含义。

有一个方法可以帮你确定单词在特定语境下的含义，就是联系上下文，根据你能理解的文意，推敲你不了解的那个关键词的

218

意思。任何一本书中大部分字都是我们能够理解的，而且这些我们能够理解的字都是围绕我们不太理解的关键词展开论述的。所以我们能够通过这些熟悉的字解读那些关键词。这是理解作者语义的最直接、最有效的方法。经过耐心练习之后，你就能体会这一点。

判定书的主旨

分析阅读的另一个任务就是判定书的主旨。所谓书的主旨就是作者表达他对某件事的判断。在论说性的文章中，作者通常会承诺指导我们做某件事或告诉我们某个道理。要想知道作者是否遵守了他的承诺，就要找到文章的主旨。

虽然读者一般来说是抱着对作者的信任感来阅读，但是如果书中的主旨没有足够的理论支持，那只是作者抒发个人想法。除非读者对作者盲目崇拜，否则不会造成什么影响。因此我们不但要知道书中的主题是什么，而且要知道作者对主题的观点以及作者为什么持有这样的观点。

在文章中我们可以找到一些因果关系的句子，根据这些句子可以了解作者是如何论证自己的观点的。比如，"因为……，所以……""既然……，就……""……，因此……""根据……，可知……"。作者提出的每个论点都会有一系列的根据和理由。只有前提和论证过程没有错误，才能证明作者的论点是正确的。

文章中的每个论点都需要一段文字或至少几句话进行阐述。上一节中我们强调的是通过关键词理解作者的语义，这一节中我们将分析作者通过句子和段落所传达的主旨。找到书中的重要段落和关键句子，就可以找到作者写这本书的主旨。可以分两个步骤完成：

找出关键句

文章的主旨是逻辑的单位，也就是思想和知识的单位。遗憾的是语言与思想或知识之间不是一对一的关系。并不是书中的每个句子都在表达文章的主旨。主旨是作者声明的知识和观点，表达知识和观点的句子通常是陈述句。提出问题的是疑问句，主旨则是问题的答案。文章中表达希望和企图的句子可以帮助我们了解作者的意图，但是不直接传达作者的主旨。

并不是每个陈述句都表达一个主旨。由于字眼的歧义，一个句子可以表达两个意思。比如，"阅读就是学习"这句话，可以表达学习知识，也可以表达增强理解力。有些复合句也可能表达多个意思。比如，用"如果……，就……""虽然……，但是……""不但……，而且……"等连接词连接起来的句子可以表达多层意思。

一个看似简单的句子也可以表达不止一个意思，比如，"张先生签了十月五日的合同。"这句话虽然简单，但是传达了两层意思：1. 张先生签了合同。2. 合同日期是十月五日。

优秀的阅读者应该善于找出书中的关键句子，分析文章的主旨。一本书中关键的句子只有少数几句话，我们需要思考全书中最重要的句子在哪里，应该怎样诠释这些句子？ 速读时对那些不重要的句子应该快速略过去，重点阅读那些需要花费努力来解释的句子。因为关键句子通常不容易理解，你需要读得仔细一些。

对作者来说越重要的句子，越需要读者付出努力才能理解。

文章的主旨是作者对事件或观点作出的肯定或否定的判断以及他作出判断的理由和依据。有些作者会在重要的句子下面划底线，或者用斜体、黑体引起读者的注意。当我们遇到那些被作者标上记号的句子应该重点阅读。

论说性的书籍一般会把主旨写在开头部分。因为作者的写作目的就是让读者了解他的观点，所以会把主旨放在最引人注目的位置。有些作者会用提问的方式引出自己的主旨，把主旨放在答案的部分。

对读者来说，如果读到难于理解的句子，就应该在那个句子上做上标记，因为那很可能是作者要表达的主要意思。学习的本质就是解除自己的疑惑，如果读一本书时，你没有遇到任何让你感到困惑的句子，那么这本书对你来说也就没有什么意义了。

另一个找出关键句的方法是依据前面我们找出的关键词。关键词所在的句子通常就是关键句子。相反，如果你对某个句子感到难于理解，句子中的主要词汇通常就是关键词。当你理解了句子的意思，也就明白了关键词的语义。当你弄懂关键词的意思的时候，也就理解了句子的意思。二者是密不可分的。

读者还可以根据文章的结构找到关键句子。演绎式的文章结构通常把主旨放在文章的开头部分，归纳式的文章结构通常把主旨放在文章的结尾部分。分辨出作者写作的顺序和方式就可以到相应的部位找出文章的主旨。

分析文章的主旨

找到关键句子之后，就要根据这些关键句子分析文章的主旨。理解句子意思的最好的办法就是用自己的语言诠释关键句子。一个主旨可以由不同的句子表达。每个句子都可以有不同的说法。如果你掌握了文章的主旨，即使作者用其他的句子来表达，你也能识别出来。当你可以用自己的话复述书中的关键句子的时候，说明你已经掌握了书中的主旨。比如，"教学相长"这句话可以用另一个句子来表达："传授知识与接受知识是互相促进的过程。"

你可以尝试做这样的练习，从阅读材料中找一些复杂的句子，用自己的话把句子的意思写出来。最好用完全不同的用语来复述作者的话。如果你只是在个别字词的前后顺序上做一些小改动，说明你只是鹦鹉学舌，未必理解了作者的意思。如果你很难改动作者的字句，说明你只是从作者那里得到了一些信息，还没有把握文章的主旨。这类似于进行翻译的时候，如果我们不能准确地把一句外文翻译成中文，说明我们没有读懂那句话。

另外一个检验自己是否理解文章主旨的方法是举例说明作者所表述的道理。如果你不举一个虚构的例子或现实中的例子来说明作者的思想，证明你没有完全理解作者的意思。比如，作者的主旨是"任何一种制度都有产生、发展、消亡的过程"。我们可以举科举制度的例子说明制度是随着时代的发展而产生、发展、消亡的。

判断书的主旨是分析阅读的精髓，可以帮助我们更好地理解文章的内容，真正把作者的思想和知识转化为自己的东西。如果你只能重复作者所说的话，那你就没有真正掌握文章的主旨。

评价书的价值与观点

　　了解书中的主旨之后，接下来我们要对作者的主旨进行评价。评价作者的观点是否正确，书的内容对自己是否有价值。

　　阅读文章之后，读者应该发表自己的评论。这是主动阅读的本质特征，主动阅读不仅要求读者了解作者表达了什么内容，而且要对作者的观点进行评价。只有这样才算完整地阅读了一本书。如果照单全收作者的观点，自己的大脑就成了别人思想的跑马场。这样的读者就成了文字的奴隶。只有提出自己的观点和看法，才能真正成为文字的主人。前面我们提到过，阅读的过程是读者和作者进行交流的过程。书上的文字是作者所要表达的意思，作者说完之后，就轮到读者来表达自己的观点。如果你花费时间和精力对一本书的内容作出评价，很快就会把书中的内容忘得一干二净。

　　有些人可能会有这样的疑惑，我的水平远不如作者，怎么可以对作者的观点作出评价呢？作者可能比读者高明，但是这并不能剥夺读者发表自己见解的权利。当读者能够对书中的内容发表看法的时候，说明他已经提升到与作者同样的水平了。这时如果读者不发表自己的见解，反而是对作者的不尊重。学习者的美德不是被动地顺从，而是积极主动地消化吸收作者传达的知识和思想。如果只是被动地接受，就不能发挥独立的判断力，也就不能真正学到任何东西。传统教育的缺陷就在于此，填鸭式的教学方法使学生被动地接受很多信息，但是没有独立思考的能力，缺乏创造力。

只有针对作者的观点，提出自己的看法，才是积极的阅读。当然，前提是充分理解作者所说的观点。这是一个重要的原则，就像我们对一个人的品格作出评价，必须建立在了解这个人的基础之上，才能公正地作出评价。

　　当你对作者的观点作出评价之前，最好先确定自己理解了作者的意思。你应该有自己的主张，但是除非你确定自己了解作者在说什么，否则你的意见是没有意义的。只有当你掌握文章的主旨之后，才有资格对其作出评价。作为一个负责人的阅读者，你也有义务这样做。

　　不管你是否同意作者的观点，都要花费一定的时间和精力做出判断。如果你同意作者的观点，要有自己的理由。如果你反对作者的观点，也要讲出自己的道理。在不了解文章内容和作者主旨的时候，就盲目作出判断，是对自己和作者双方都不负责任的表现。因为你根本不知道自己赞成或反对的是什么。

　　说到评价，有人就会联想到批评。评价不等于批评，不要把评价和不同意混为一谈。同意或者不同意都有可能对，也都有可能不对。评价的出发点是真理，而不是你的主观倾向。如果根据个人的喜好对作者的观点进行评价，就失去了评价的意义。

　　必须完整地读完一本书之后，再对书中的内容作出判断。如果你只读了一两页就盲目作出结论很可能会断章取义，或者误解了作者的意思。当你对一个作者作出评价时，最好了解这位作者的多部重要著作发表自己的看法。如果根据一本书，对作者的思想作出判断很可能会得出片面的结论，不能完全了解一个人的思想。因为作者不可能在一本书中阐述自己所有的知识和思想。如果你想对康德的思想作出评价，不但要看他的《纯粹理性批判》，还要阅读《实践理性批判》。如果你想对马克思作出评价不但要阅读《共产党宣言》，还要阅读《资本论》。

当你不同意作者的观点时，不要争强好辩，应该保持理性，客观公正地提出自己反对的理由。你应该清楚阅读的目的是知识，而不是推翻作者的观点。学习真理比赢得推论更重要。因此在阅读的时候应该时刻提醒自己，阅读的目的是增进知识和理解力，而不是批驳作者。读者要表达相同或不同的意见，可以认同作者的观点或者对作者的观点提出质疑。不管认同还是反对，你应该关注的是关于这件事的真理是什么。

没有一本书好到无懈可击，欲加之罪，何患无辞呢？为反对而反对，很容易从鸡蛋里挑骨头，找出作者观点的漏洞。苏格拉底在和学生的对话中说："苏格拉底是很容易反驳的，但是你不能反驳真理。"

作者写一篇文章的目的是为了向读者传达某些知识或说服读者相信某些道理。读者阅读一篇文章的结果，要么同意作者所说的观点，要么不同意作者的观点。如果不同意，一定要给出不同意的理由。比如，作者的观点有错误，作者的观点不完整，作者的分析不合逻辑。如果同意，也不应该盲从，不但要知其然，而且要知其所以然，理解作者的观点为什么是正确的。这样的阅读态度才是对作者的尊重，因为毫无根据地支持或反对也是没有意义的。

优秀的阅读者应该在真理本身、作者的观点和自己的观点之间做出区分。如果不加鉴别地同意作者的观点，就是把作者的观点当作真理了。在没有充足的证据和理由支持的情况下，就说一个观点是真理，未免太草率了。

总之，正确地评价书的价值与观点，应该遵从三个原则：

1. 在理解作者观点的基础之上进行评价。

2. 要保持理性，客观公正地作出评价。

3. 评价应该有所根据，不要盲目反对或盲目赞同。

第三章

最有效阅读方法

五步阅读法

五步阅读法又叫 SQ3R 阅读法，SQ3R 是 Survey、Question、Read、Recite、Review 这五个单词的缩写，意思是纵览、提问、阅读、复述、复习这五个单词所代表的阅读过程中的五个步骤。

这种阅读方法是由美国艾奥瓦大学的教授鲁滨孙创立的，后来在西方国家广泛推行，被称为行之有效的综合性的自学方法体系。

第一步：纵览

所谓纵览也就是预览，正式阅读文章内容之前，把全书概括地看一遍，从整体上把握全书的内容。重点在于阅读书籍的标题、副标题、前言、目录、内容摘要、图表、图片、注释、参考文献、索引等内容。这些内容可以直接透露出作者的写作意图和文章的主要内容。在阅读正文内容的时候，重点阅读开头和结尾的段落

227

以及各章节的开头和结尾，因为各章节的主旨通常会在开头或结尾透露出来，这样可以快速获得对整本书的基本印象。

第二步：提问

提问是指在纵览的基础上，对书中的重点、难点以及相关的注释和提示设置一些问题。比如，可以将书名、章节名转换成问题，问自己这些章节分别讲了什么内容，也可以问自己对于相关章节，已经知道了哪些知识。这种把标题转化为问题的工作可以在浏览标题是同时进行，但必须付出努力，才能在阅读过程中寻找他的答案。有些书的章末或副标题的下方有思考题，这些思考题同样在给我们指明阅读的方向。提问可以使阅读者明确阅读的目的，使阅读这项思维活动更有主动性和积极性。

提问可以帮你把注意力集中在重点内容上，提出疑问的地方必然是你不明白的地方，也就是需要重点了解的地方，你要从每个标题中引出一个或几个问题来。这些问题会增加你对阅读的兴趣，有助于新旧知识的融会贯通。提问可以促进你对已知信息的提取，更快地理解文章的内容。

第三步：阅读

阅读是指带着问题进行深入阅读，一边阅读一边思考问题的答案。阅读时要试图回答你自己提出的问题和书上的思考题，通过阅读来解答前面提出的问题，就使阅读变成了主动积极地寻求答案的过程，而不是被动机械地逐字逐句的视觉扫视过程了。如果在文章中找到了答案，或通过思考有所感悟，就在书页上做标记，或者记录在笔记本上。读书笔记不但可以增强理解和记忆，而且方便以后进行复习。最好读完一个完整的章节，就回顾一遍，复习这个章节的重点内容。

这时要采用精读的方式，要弄清楚那些陌生术语和词语的确切含义。注意段首和段尾的关键词，掌握关键句子和重点段落的意思。阅读时需要注意以下几点：特别留意画线、加粗或倾斜字体的文字；阅读辅助说明的图像；阅读难度较高的篇章时要放慢速度；遇到不明白的地方，要停下来，再重读一遍；一次只阅读一小段并复述那一段。

第四步：复述

复述就是在理解的基础上记忆文章的内容。读完一部分内容之后，把书合上，试着把刚才看到的内容复述出来。这是进行学习和记忆效果检查的最有效的办法。复述不是逐字逐句地死记硬背，而是掌握文章的中心思想，在理解的基础上把作者的意思用自己的语言表述出来。掌握文章的主旨，各个章节的主要内容以及文章的整体结构，就能够提纲挈领地记住文章的内容。

第五步：复习

复习是巩固阅读成果的阶段。如果不及时复习，很快就会遗忘阅读过的内容。读完全书或一个完整的章节之后，看一遍笔记，以获得对书中各个要点之间关系的总体印象，并通过复述每一大标题之下的要点来巩固自己的记忆。结合多感官记忆法加强记忆，当你运用越多的感官刺激，你越能记得重点。如果同时运用看、说、听、写、想，你的学习效果就会增加四倍。

复习应该按照艾宾浩斯记忆遗忘曲线及时地巩固阅读过的内容。巩固知识有两个关键时期，一个是阅读1分钟之后，一个是阅读24小时之后。因此，复习要及时，看完一章书就应该回想一下这一章主要讲了哪些内容。一天之后，要回忆前一天学到了哪些知识。如果不及时复习，学过的知识会有一大半被遗忘掉。以后，隔一段时间就要对以往的知识进行重复复习，保证学习和记忆的效果。

五步阅读法适合文学作品、科技读物等不同类型图书的阅读。尤其是对于需要精读的重要文件和学习资料，采用这种方法阅读效果都非常好。五步阅读法细致地规定了每一个步骤，你不妨选一本合适的书，反复练习几次，看效果如何。

———

小练习：

运用五步阅读法安排一周的阅读计划：

五步阅读法第一天：

预览整个材料，找到文章中的主要内容，根据内容提出问题。把你提出的问题写在笔记本的左侧，在阅读过程中找到答案，把答案记录在右侧。阅读完毕之后，整体浏览一下书中的重点和笔记上的内容。

五步阅读法第二天：

迅速阅读课文或笔记，回忆昨天阅读的重点。盖住笔记本的右侧，看着左侧问题，然后凭记忆复述答案。检查自己遗忘了哪些内容，把高难度的知识点记录在卡片上，运用记忆技巧掌握关键性的知识点。

五步阅读法第三天、第四天、第五天：

参照记录知识点的卡片和笔记，回答自己提出的难点问题。若有需要，可以参考相关的书籍和文章。

五步阅读法周末：

利用课本、笔记和卡片，制作一个知识体系，列出文章中的重点内容。在知识体系的指引下回忆文章的内容，口头复述出细节内容，进一步巩固学过的知识。

勾画阅读法

勾画读书法是指一边阅读一边用符号在书上勾画重点内容的读书方法。这种方法一方面可以勾画出重点、疑点、难点内容，加深对这些重要信息的印象，帮助我们思考和记忆文章的内容；另一方面可以把阅读过程中产生的感悟和见解记录下来；此外，对文章内容的标记还可以引发我们的联想，对文章内容进行再创造，使书本的知识真正成为你自己的，并由此有所发现和创造。

勾画阅读法可以分为两个步骤：

第一步：初读标记

在读第一遍时，你对书中的内容不是很了解，阅读的重点在于把握文章的整体内容和文章的主要结构。做标记的目的是标出要点、难点、疑点，但是在第一次阅读的时候，可能你对重点内容把握得不是很准确，所以建议你使用铅笔做标记，以免将来在书页上画了太多标记，分不清哪个是真正的重点。

第一遍阅读带有预览的性质，阅读的目的不是关注文章的细节，而是把握整体精神和整体脉络，所以也不需要使用烦琐的符号标记，何况还要进行一次仔细的阅读。阅读时只需要把你认为在下次阅读时应该注意的内容标记出来就行了。你可以用三种不同的标记来表示重点、难点和疑点，比如，用下划线表示重点内容，双下划线表示难点内容，曲线表示疑点内容。当然，有时这些内容之间会有重复，初读时不用特别在意。

第二步：重读整理

阅读完一遍之后，对书中内容有了整体的了解，重读时需要整理第一次阅读时在文章中做的标记，并依据这些标记仔细阅读要点，深入研究难点，着重思考疑点。第二次阅读，可以结合前后对文章进行理解，融会贯通地理解之后，有些重点内容不再是重点了，一些难点和疑点问题就变得明朗起来了，先前勾画的难点、疑点也已经不复存在了。这就需要重新整理阅读标记，更改符号。因为前面你使用的是铅笔，改起来很容易，而且不会对书面的整洁造成影响。

对标记进行整理之后，文章的内容和结构就会更加明了。有些重点内容可以合并在一起，你可以明显地感到书本由厚变薄了，通过去粗取精，你已经掌握文章的精华，把知识牢记在心。

在第二次阅读时，要对文章的内容进行细致的分析。因此需要多种不同的符号表达不同的意思，你应该使用具有区别意义的符号，并始终一贯地使用，最好形成自己的一套标记符号系统。如果你不弄清楚每个符号所代表的意义，当你返回头来再看书上的标记的时候，就会看不懂或者混淆符号的意思，这就失去了做标记的意义。

下面几种符号是经常采用的勾画标记：

下划线表示重点内容；双下划线表示难点内容；曲线表示疑点内容；‖ 表示重点层次；（ ）表示重点段落；×× 表示谬

误；？表示有待考证的内容；＃表示待摘录的重要参考资料。

此外，你还可以用不同的颜色赋予这些内容特定的感情色彩，比如，用红色的符号表示正面的内容，用蓝色的符号表示反面的内容。

这里我们指出的只是一种建议，标记的方法有很多种，你可以根据自己的喜好选择。当然，你也可以自己定义不同符号所代表的含义，甚至可以发明新的符号，关键是你要明白不同符号所代表的含义分别是什么。

勾画标记最重要的原则就是含义明确，前后一致。要时刻记住使用符号标记的目的是更好地理解文章的内容，不要为了使用符号而使用符号。如果你混淆或者忘记了符号的意义，不但不会增进你对文章的理解，反而会给你的理解造成障碍。有时为了提醒自己符号的意思，你还应该在符号的旁边加上批注。批注的内容可以是你对文章内容的评论、理解、体会、质疑或提醒自己下次阅读的时候应该注意什么，方便自己以后复习。批注可以写在书页的天头、地脚、边白、中缝、篇头、篇尾或段尾的空白处。但是，书中的空白部位毕竟是有限的，因此做批注的时候一定要注意文字力求简洁精炼，字要小，尽量不要涂改，否则会影响页面的美观。

做标记可以使你手脑并用，细致地分析文章的内容，大大加强阅读效果。哪些是需要格外注意的，哪些是存在疑问的，哪些内容激发了你的联想，哪些内容对你的学习和研究是有价值的，把这些内容标记出来之后，不但可以辅助你思考问题，还能方便你以后复习时快速抓住重点。

在下面的阅读过程中，你不妨试试这种阅读方法。至少把文章中的关键词、关键句子和重点段落勾画出来。

笔记阅读法

俗话说：好记性不如烂笔头。做笔记的目的就是为了方便查找和复习，使学习和研究工作能够更明确、更深入、更顺利，避免盲目性查找和不必要的重复，同时为我们节省很多时间。做笔记的读书方法历来就为学者文人所倡导。比如，毛泽东有"不动笔墨不读书"的说法。他读过的书上有红、蓝、黑各色笔记批注，那是他在不同时期阅读所做的笔记。

笔记阅读法应该与前面提到的勾画阅读法结合起来一起使用。在谈勾画阅读法的时候，我们提到有必要在符号标记的旁边写上一些批注，这些批注就是笔记的一种形式。

读书笔记有三种类型：摘录式笔记、评注式笔记和心得式笔记。

摘录式笔记是指在阅读过程中把重要观点、精彩的描述以及对自己的工作、学习有用的句子、段落或公式、图表等内容准确地抄录下来，方便以后查找翻阅。按照摘录的内容不同又可以分为抄录式笔记、摘要式笔记和索引式笔记。抄录式笔记是指抄录全篇的内容，摘要式笔记是指把阅读材料的重点和主旨用简明扼要的话写下来。毛泽东当年上学的时候，就有专门抄录全篇文章的抄录本和有专门摘录精要的摘要本。

索引式笔记是指在笔记本上记录书刊的名称、著者、文章的题目、书刊的年代、卷期和页数等信息，以备将来查找。这种笔记对专业研究来说非常实用，可以系统地反映出某一主题的相关文献资料。做索引笔记的时候，可以根据需要，按照不同的线索进行编写。有以人物为线索的，比如，《古今人物别名索引》《中国名作家传》《外国音乐家传略》。这种编排可以把在某方面作出贡献的人物的事迹和主要著作整理起来。有以文献资料内容为线索的书目，比如，《中国史学论文索引》《西方名著提要》等。这样可以把分散在不同学科中的同一主题的书刊资料，用索引的形式系统地反映出来。还有以学科为线索的，即把属于同一学科的文献资料归纳在一起。为了更方便将来的阅读，还可以在题目之后再附上该条目的简要说明，将来查找引用的时候就一目了然了。

评注式笔记是指不但要摘录出书中的内容，而且对书中的内容发表自己的看法和心得。这是一个读者与作者对话的过程，与摘录式笔记相比，评注式笔记需要读者更加主动地阅读。评注式笔记按照内容的不同可以分为四类：提纲式笔记、提要式笔记、批注式笔记和补充式笔记。

提纲式笔记是指用纲要的形式把文章或著作的主要论点和基本内容记录下来。

提要式笔记是指用归纳中心思想的方式总结一本书、一篇文章或一段话的主要内容。

批注式笔记是指直接在书上做标记写注释、提要、批语或警语。比如，毛泽东在读《伦理学原理》这本10万余字的书的时候，在页边、行间写了一万多字的批注。

注释包括陌生字词的含义、名言的出处、文章的作者等内容。比如，阅读时遇到陌生字词或术语，立刻查字典、找参考书，弄清楚之后，把单词的意思写在该书的空白处。这样就扫除了阅读障碍，而且可以帮助我们理解和记忆。

提要是指用几个字或一个简短的句子概括一段话或一篇文章的中心，写在书的天头或地脚上。在读书中，边看边思考，然后用精炼的语言把某段的中心意思记在这样就便于把握文章的脉络，然后复习浏览时，很快就能了解到文章的关键内容是什么。

批语是指在阅读过程中，你可能会产生各种感想、见解和疑问或者对文章内容作出评价。这时可以随手把批语写在书的空白处。有些念头往往一闪而过，如果不及时记录下来，可能会再也想不起这些宝贵的思想火花。

警语是指在阅读过程中，在重要段落、主要论点以及需要特别注意的地方做标记，为提醒自己，可写上"注意！""重要！""记住！"等字样，或者画上重点符号。当你复习的时候，这些警语会立刻引起你的注意，并为今后重点阅读提供条件。列宁读书的时候就采用这种方法。每当读到精辟处，他就批上"非常重要""机智灵活""妙不可言"等，读到谬误处，就批上"废话！""莫名其妙！"等，有的地方则干脆写上"哦，哦！""嗯，是吗？！""哈哈！""原来如此！"等。

心得式笔记类似于读后感，读完一本书或一篇文章之后，把自己对文章的理解、领会、感想，受到的启发和得到的收获以笔记的形式记录下来。心得式笔记可以分为读后感、札记式笔记和综述式笔记三种。

　　读后感就是读完文章之后，经过认真思考，结合自己的知识和经验，把阅读后对文章的理解和体会以及由此引起的收获和感想写下来。札记式笔记是指在阅读过程中把心得、感想和体会随时记录下来的笔记形式。综述式笔记是指读过几篇文章或几本书之后，对这些文章和书籍的内容进行整理概括，归纳总结而写成的笔记。综述式笔记适合进行主题阅读的时候，在主题阅读的最后一步，对文章内容进行分析讨论的时候使用。

　　用笔记阅读法读书，你会体验到前所未有的成就感。因为只有当你对文章的内容有所记录，并写出自己的心得和感受，才能证明你获得了书中的内容。从笔记中也可以看出你思想发展的过程。

　　在柏林图书馆的大门上，写着这样一句话：这里是人类知识的宝库，如果你掌握了它的钥匙的话，那么全部知识都是你的。所谓"知识宝库"的"钥匙"就是笔记阅读法。只有通过做笔记的方式，你才能把书中的内容与自己的思想快速融合起来。

小练习：

　　准备一个笔记本，把每天阅读的重要内容记录下来。一周之后对笔记本上的内容复习一遍，巩固学过的知识。

三遍阅读法

三遍读书法又叫三步读书法。意思是将一篇文章或一本书读三遍，每一遍侧重不同的方面。这是很多著名学者提倡的一种读书方法。这种读书方法有多种类型，常见的有下面四种。

第一种：鸟瞰——解剖——贯通

这是近代学者梁启超提出的适合学术研究的阅读方法。第一遍鸟瞰，也就是我们反复强调的预览全文，居高临下，看清全文，从整体上把握文章的内容，获得对文章的整体印象，找出文章的重点。第二遍解剖，对找出的重点内容进行细致分析，对难点和重点内容深入研究，探求文章的深层含义。第三遍贯通，就是在前面两遍阅读的基础上，结合自己的知识和经验，联系作者的写作背景，分析作者为什么要这样写。了解文章的历史意义和现实意义，分析文章的内容对自己有什么价值。

第二种：鸟瞰——精读——吸收

这是现代文学家茅盾、苏步青等人总结出的阅读方法，适合文学作品的阅读。第一遍鸟瞰，依旧是为获得初步印象而进行的全文预览。第二遍是精读式阅读，要逐字逐句，逐段逐章研读，弄懂字面意义，深入理解内容、写法。挖掘作品的深层含义，从各个角度思考、品味作品的意义。重点在于品味文章的谋篇布局、表达方式和修辞手法，分析作者要表达的感情和中心思想。第三遍强调对文章的内容进行消化吸收，融会贯通作者所表达的思想，把书本上的内容真正化为自己的知识，吸收先进的思想和语言精华。思考书中的内容怎样才能为我所用，在运用的过程中，加深对文章内容的了解。

第三种：了解——评论——接受

这是现代教育家、文学家叶圣陶提出来的阅读方法。第一遍阅读的目的是了解作者要表达的主要内容和思想感情，不要对文章内容产生误解或遗漏重要信息。第二遍阅读的目的是对文章内容和作者的思想进行评论，分析作者的知识是否充足，作者的观点是否正确，论证过程是否符合逻辑。我们前面提到过评论不等于盲目的批评，你可以赞同或反对作者的观点，但是一定要有自己的理由和根据。第三遍阅读的目的是接受，接受的意思并不照单全收，而是以积极主动的姿态对待文章的内容，把"应当记忆住的内容记忆起来，应当体会的东西体会出来，应该研究的问题研究出来"。

第四种：欣赏——拆卸——浏览

这是当代小说家王汶石提出来的阅读方法，适合对文学作品进行精读时使用。第一遍阅读的目的是欣赏，欣赏作者的写作技巧、人物形象、语言的韵律以及作者所塑造的意境。第二遍阅读的任务是拆卸，拆卸文章的结构，分析段落是怎么组织的，结构是怎么安排的；拆卸语言和表现手法，分析语言是怎么运用的，作者的观点、情感和思想是怎么表达的；拆卸人物关系，分析不同的人物之间是怎么组织起来的，如何推动事件发展。读者应该像电器维修专家拆卸电器一样，仔细分析文章的内部结构，慢慢品味细节之间的组织关系。第三遍阅读要对全文进行浏览，把文章作为整体从宏观上进行把握。第二遍阅读是对文章进行细致地分析，第三遍则是对文章进行综合，以获得一个整体的印象。

第五种：字词——句子——章节

这种阅读方法是我国传统的阅读方法，从微观到宏观，从局部到整体逐步把握文章的内容。第一遍先从细节着手，弄懂生字词和术语的意思，第二遍把字词串联起来，理解各个句子的意思，第三遍把句子串联起来，理解各个章节和整篇文章的意思。这种方法也叫作串读法。元代文人程端礼做过如下描述："每句先逐字训之，然后通解一句之意，又通解一章之意，相连续作去，明理演文，一举两得。"用这种方法阅读文章，既可以明白文章所传达的道理，也对文章的表达方法有所了解，因此是一举两得的阅读方法。这种方法适合阅读古文或艰涩难懂的专业文章。

运用三遍阅读，不管你采用哪种具体的形式，都可以加深对文章的理解和记忆。每一遍阅读都带有一定的目的，这就避免了阅读的任意性和盲目性，大大提高了阅读的效率。按照一定的规则进行阅读，你知道每一步自己要达到的阅读目标。三遍阅读法保证我们既能从整体上把握文章的结构，又能从细节上对文章进行分析。如果妄图同时实现这两个目标，就会顾此失彼，甚至劳而无功。

——————

小练习：

尝试使用三遍阅读法阅读一篇文章，牢记每一遍阅读的目的，体会每一遍阅读的收获。

积累阅读法

积累阅读法是指以积累各种知识和语言材料为目的的阅读。这种阅读对我们每个人的书面语言表达能力的提高和知识的积累有重要的意义。进行积累阅读需要掌握全部基础阅读的技能，中小学阶段和大学低年级阶段的阅读都是积累性阅读。

积累阅读是最初阶段的阅读，它的基本特征是强调熟读和背诵。通过熟读和背诵达到对字词、句子、篇章等语言材料，各种修辞手法和写作手法以及文章所传达的思想内容的积累。我国古代文人所说的"蓄词""蓄句""蓄篇"就是指积累阅读而言。熟读可以加深字词、句子和篇章在大脑中的印象，也是达到记忆的重要途径。反复阅读还能使读者已有的知识和经验与文章中所包含的新知识摩擦碰撞，实现对文章内容更深层次的理解、消化和吸收。

背诵要建立在理解的基础上，理解文章大意之后，经过多次阅读就能实现对文章内容的记忆。在理解和熟读的基础上很容易记住文章的内容，而且不容易遗忘。反过来，背诵的过程可以加深对文章内容的理解。所谓"书读百遍，其义自现"就是这个意思。刚开始对你来说很难理解的内容，经过多次阅读直到能够背诵之后，你就对文章的内容有了比较深刻的领悟，得到进一步的理解。

积累性阅读应该以经典的文学作品为材料，比如，四大名著、唐诗宋词、古文观止、近现代的优美散文等。经过这些经典文学作品的熏陶渐染，我们的文学素养和对文字的感受能力就得到大大加强。量的积累可以达到一个质的飞跃。

积累知识不是一朝一夕的事，需要一个渐进的过程。正如当代作家铁凝所说："任何一本好书给读者的营养都是缓慢渗透的。"所以阅读不能急于求成，应该细细地体味，耐心地琢磨，才能渐渐领会文章中的深层含义。

"苏门三学士"中的苏轼的父亲苏洵年少时根本不喜欢读书，到了壮年还不知道读书的好处，后来两次考进士都以失败而告终，才开始发愤图强。他在以后的很长时间中只是读书，从不动笔写文章，知识在心中默默积蓄，强迫自己不用文字表达，过了五六年才感慨地说："可以了！"于是落笔成文，洋洋洒洒，文思泉涌，贯通古今，挥洒自如。可见要想写出优秀的文章一定要以丰富的材料作为基础，积累阅读法是获得丰富材料的重要途径。苏洵能够成为一代文豪，就是采用了这种阅读方法，先积累丰富的材料，而后下笔如有神。

丰子恺、苏步青等人都强调熟读、精读的重要性。丰子恺以繁体"讀"字的笔画来累计读过遍数的方法来帮助熟读。"讀"字有二十二笔，所以他每篇文章读二十二遍。第一天读十遍，第二天复习五遍，第三天再复习五遍，第四天再复习两遍，经过二十二遍的也阅读，理解和记忆自然深刻得多，而且能够体验到文章从唇间背诵出来的愉快。

世间的好书汗牛充栋，怎样才能实现知识、思想和语言材料的积累呢？明末清初的学者陆桴亭在《思辨录》中这样写道："偶思得一读书法，欲将所读之书，分为三节，自五岁至十五为一节，十年诵读；自十五岁至二十五为一节，十年讲贯；自二十五岁至三十五为一节，十年涉猎。使学有渐次，书分缓急，则庶几学者可由此而成功……"他按照年龄把一生的读书计划分成了几个阶段。按照这种循序渐的地方法去读书，才能实现博览群书。

积累阅读法还需要勤奋和努力，如果三天打鱼两天晒网，就不会有太大的收获。勤能补拙，坚持不懈地努力才能积累到更多的知识。古代那些头悬梁、锥刺股的读书人给我们做了很好的榜样。

勤奋体现在勤读、勤抄、勤写的过程中，把略读与精读结合起来，实现对文章的理解、记忆以及学以致用的目的。勤读的对象应该是自己目前最需要读的书，选择书中最有价值的内容，反复阅读，并且结合笔记阅读法对书中的经典内容抄写下来，加深理解和记忆。比如，书中的精彩描写、名言警句、独特的观点等有价值的内容，以后派得上用场，就把它们摘抄在笔记本或卡片上，以方便以后随时翻阅。此外，你还可以把对书中内容的感想和体会用笔记的形式记录下来。

积累阅读法还要求我们懂得合理安排时间，善于利用时间。合理安排读书时间，运用统筹法充分利用空闲时间进行阅读。美国哲学家爱默生说："我一般会在清晨读一些诗歌或散文，在黄昏读一些小说或杂记，每当头脑特别清楚的时候，我就抓紧时间来做读书笔记，因为这样难得的时间一定要记些东西才好。"知识的积累就是要靠平时一点一滴的努力，所谓开卷有益，在任何时候，任何地点，不管自己有没有时间去看书，有多少时间去看书，只要你拿起书去看，总比不看书的收获要大一些。

小练习：

运用积累阅读法把每天看到的重要知识和精彩内容熟读、背诵，逐渐把书中优秀的知识、思想和语言材料积累起来。

强记阅读法

强记阅读法，顾名思义是侧重于记忆的阅读方法。很多时候，我们阅读的目标是获取信息，只有把这些信息记住才能为我所用，尤其是在准备考试的时候，更需要把书中的内容记在脑子里，才能保证考个好成绩。强记阅读法就可以帮助我们在阅读的过程中实现快速牢固的记忆。

"强记"并不是死记硬背。很多人对死记硬背表示反感，尤其是一些聪明人甚至不屑于背诵书上的信息。为了使书上的信息真正成为自己的知识，我们还是有必要对书上的内容进行记忆。死记硬背确实不是正确的记忆信息的方法，为了更有效地记住书上的信息就需要采用更好的记忆方法，

对于一些信息类的不需要太多理解的知识，我们可以通过"眼脑直映"进行形象的记忆。训练眼脑直映的阅读方法，发挥想象和联想，可以培养右脑瞬间记忆的能力。人的右脑具有巨大的记忆潜能。那些记忆天才和普通人的区别就是他们使用让想象发挥出作用的右脑进行记忆。右脑的特点就是具有通过想象记住见过或听过一次的事物，并通过想象再现这些记忆的能力。所谓的眼脑直映，也可以叫作"照相记忆"，我们的大脑像照相一样记住

看到的事物，然后在需要这些信息的时候，以图像的形式再现在眼前。

在这里，我们要再次强调右脑视觉训练的重要性，它不但可以让你实现一目十行，而且可以让你练就过目不忘的本领。快速记住大量的信息是右脑的一种机能，但是对大多数人来，这种机能处于沉睡状态，右脑视觉训练可以激活这种机能。此外，右脑还具有快速抓住进入大脑信息之间的规律，并运用这些规律进行记忆的能力。这种能力体现了右脑的创造性。

对于一些需要理解和分析的知识，就要通过对文章内容的理解和整体脉络的把握来实现对文章内容的记忆。在学校里，老师常常告诉我们应该在理解的基础上进行记忆，这样可以记得牢固而且不容易忘。如果你按照前面我们介绍的阅读方法进行阅读，读完文章之后，你就掌握了文章的中心思想、主要论点、段落结构和作者的写作思路。

如果读完文章之后，你对文章的结构和主要的知识点还没有明确的概念，那么你可以列一个大纲，或者用模块形式的笔记按照逻辑顺序处理文章的信息。列大纲和做笔记的方法可以帮你把文章的重点内容摘出来，排除很多次要信息的干扰。把握住文章的大纲和重要观点之后，再记忆文章的内容就容易多了。

虽然我们提到过熟读对记忆的重要性，但是不要盲目地反复阅读全篇，因为一篇文章中有些内容比较简单，有些内容是你所熟悉的，没有必要在这些信息上浪费时间。对于那些有价值的信息，难于理解的内容，则要反复阅读，直到熟读记牢为止。

用死记硬背的方法记忆文章的内容很容易遗忘。有时候，昨天记住的东西今天就忘了，也就是我们在介绍记忆原理时提到的瞬时记忆。当我们想记住文章中的信息，向掌握文章传达给我们的知识的时候，瞬时记忆就不能满足我们的需要了。要想把瞬时记忆转化为长时记忆，就要掌握遗忘规律，对文章内容定期进行复习，及时巩固记住的信息。在巩固知识的初期阶段，应该频繁复习，因为这个时期最容易遗忘信息。

心理学家关于遗忘和记忆的研究，为我们解释了遗忘的规律，这就是著名的艾宾浩斯遗忘曲线。这个遗忘曲线显示，学习后的前几天遗忘发生很快，而以后则逐渐变慢。因此，读完文章之后，立即回顾一下全文，因为按照艾宾浩斯遗忘曲线，在阅读后的一分钟之内是遗忘最快的阶段。

心理学家斯皮泽（Spitzer）曾做过这样一个实验，选用一段文章作为记忆材料，A组被试学习后不久就进行一次复习，B组被试则不进行复习，结果发现A组在一天后和一周后的保持成绩均高于B组。合理的复习方法是在学习后当天最好复习一次，以后复习间隔逐渐变大。刚开始记忆时，可以用较长的时间，两次记忆之间间隔短一些。经过几次记忆之后，每次记忆所用时间可以短些，时间间隔可以长些。这样就可以在遗忘之前得到巩固，使保持效果始终处于较高水平，如果等到几乎全部忘记的时候再重新学习就为时已晚了。

背诵文章要尽可能地准确，不要模棱两可地讲述文章的大意。因为过一段时间之后，你虽然对文章的内容有一个模糊的印象，但是很难把文章的内容清楚完整地表述出来。尤其是对于一些重要信息，最好一字不差地全部背过。如果内容不太多，最好一次性背过，这样可以方便你以后把它作为完整的单位进行复习。如果需要背诵的内容很多，那么就要先把这些内容分为几个部分来记忆，背完一部分之后，再背另外一部分，把每一部分当作一个完整的概念进行复习。

强记阅读法可以分为两个阶段，一个是记忆的阶段，一个是复习的阶段。在记忆阶段，根据不同的文章内容应该选择不同的记忆方法。针对信息类的内容，可以通过眼脑直映训练实现瞬间记忆。针对需要理解和分析的内容，则要在理解的基础上进行记忆。记住文章内容之后还没有结束，你还需要按照遗忘规律进行及时复习，否则就前功尽弃了。

小练习：

1. 按照眼脑直映的方式记忆一篇纯信息类的文章。

2. 在理解的基础上记忆一篇需要理解和思考的文章。

3. 记住文章之后按照遗忘规律进行定期复习，把瞬时记忆转化为长时记忆。

图书在版编目（CIP）数据

快速阅读训练法 / 翟文明编著 . -- 长春 : 吉林文史出版社, 2019.3（2025.6 重印）

ISBN 978-7-5472-5982-5

Ⅰ . ①快… Ⅱ . ①翟… Ⅲ . ①读书方法 Ⅳ . ① G792

中国版本图书馆 CIP 数据核字 (2019) 第 037123 号

快速阅读训练法

KUAISU YUEDU XUNLIANFA

书　　名：快速阅读训练法

编　　著：翟文明

责任编辑：程　明

封面设计：冬　凡

文字编辑：辛云梅

美术编辑：武有菊

出版发行：吉林文史出版社

电　　话：0431-81629369

地　　址：长春市福祉大路 5788 号

邮　　编：130118

网　　址：www.jlws.com.cn

印　　刷：三河市新新艺印刷有限公司

开　　本：145mm×210mm　1/32

印　　张：8 印张

字　　数：172 千字

印　　次：2019 年 3 月第 1 版　2025 年 6 月第 8 次印刷

书　　号：ISBN 978-7-5472-5982-5

定　　价：36.00 元